紫竹笔记

——我的园子,我的花

陈艳敏 著

中原出版传媒集团
中原传媒股份公司

大象出版社
·郑州·

图书在版编目(CIP)数据

紫竹笔记：我的园子，我的花／陈艳敏著.— 郑州：大象出版社，2019.1
ISBN 978-7-5347-9979-2

Ⅰ.①紫… Ⅱ.①陈… Ⅲ.①紫竹院公园—介绍 Ⅳ.①K928.73

中国版本图书馆CIP数据核字(2018)第254807号

ZIZHU BIJI

紫竹笔记
——我的园子，我的花

陈艳敏　著

出 版 人	王刘纯
责任编辑	司　雯
责任校对	安德华
装帧设计	付锬锬

出版发行	大象出版社（郑州市金水东路39号河南出版产业园C座2层　邮政编码450016）
	发行科　0371-63863551　　总编室　0371-65597936
网　　址	www.daxiang.cn
印　　刷	新乡市豫北印务有限公司
经　　销	各地新华书店经销
开　　本	787mm×1029mm　1/16
印　　张	14.75
字　　数	139千字
版　　次	2019年1月第1版　2019年1月第1次印刷
定　　价	36.00元

若发现印、装质量问题，影响阅读，请与承印厂联系调换。
印厂地址　新乡县翟坡镇兴宁村
邮政编码　453000　　　　　电话　0373-5635065

一片心安之地

紫竹院是我爱的园子。

十年的缱绻，风霜雨雪，四季轮回，草木荣枯，已使我对这个园子熟悉无比，并于熟悉中滋生了一份独特的情感。这不只是一个园子。正如史铁生的地坛不仅仅是地坛。生命已经由此牵连出了太多的情怀与情愫、感喟与感叹。漫步于此，融入其间，与自然万物作着能量、信息交换，参与到大自然的无尽循环之中，常常感觉自我的生命已然走出了狭隘与渺小，在与广袤大自然联结的刹那，长出了蓬勃之势、欢喜之情。

多少次怀着愉悦的心情和超然的心绪漫步于此，感悟这里的自然生态，聆听小鸟的歌唱、小河的流淌，于静寂的独处中，记录下自我与自然交融的时刻获得的意外启示与惊喜。这一切，都不期而遇。

进到园子的每一个刹那，内心都溢满了欢喜，每一天都有感应，每一天都有启发，每一天都有灵感，一切仿若神赐。园子里兀自盛开的小花不经意间用微笑启示我："不渴慕依赖，不盲目外求，不为名利、是非、抑扬、褒贬所缚、所伤、所苦，便只剩下自由轻盈洒脱。人生就是一座宝藏，取之不尽，简洁通透亦是一种天赋。"花开花落的四季景观透过时间告诉我："生命自身就带着某种势不可当的、美好的气息，我们只需顺应它的流向。"常青的翠竹以虚心自持的姿态感应我："自身圆满，便无须外求、加添。每一个日子都是舞蹈，每一个早晨都是歌唱，'生命是接连不断的庆祝''你就在你此时此地的荣耀中'……"波澜不惊的紫竹湖以它一贯的明净与安详召唤我："到大自然中来吧，如梭罗所说：'我相信大自然有一种莫名的魅力，听从它的召唤，我们就会找到正确的方向。'"

流水不腐，生命常新，这个园子时时地在给予我。每一天，我都如期地到来，迫不及待地想要看看这里的花，这里的草，这里的树，看它们是否安好。是的，这些花，这些草，这些树，已经与我紧密相连。大自然，就是以这样的方式神秘地吸引我、感召我，在我的内心产生着莫名的因应。

彼时我在紫竹院古老的银杏树下，苍翠的竹林旁边，伴着悠扬的风笛和布谷鸟的歌唱我如饥似渴地读着梭罗、爱默生，读着约翰·缪尔、亨利·贝斯顿，读着《诗经》里的春意盎然和草木葳蕤，时不时地有小虫飞落于书页之上，穿越时空，梦幻迷离。阳光从远处的林木和枝叶间洒落，明亮而又清澈，自然的世界、文学的世界、内心的世界刹那间融合交会，共鸣共响，清新美好，不似人间。

初春一个明净的早上，我又来到紫竹院，被大自然再次感召的我突然萌生了一个新的想法，并记在了当天的日记中：

而在这样一个明净的早晨，在这万物即将复苏的时刻，我像每一日那样漫步于此，竟然意外地萌生了记录下紫竹院四季的想法，以自己的所见、所闻、所思、所感——像亨利·贝斯顿在科德角的海边写下《遥远的房屋》，于静寂的独处中，感受海边四季的自然生态；像彼得·梅尔在普罗旺斯写下《普罗旺斯的一年》，以入世的笔调，展示普罗旺斯的日常状貌；像约翰·缪尔在内华达山写下《夏日走过山间》，以灵性的语言记录那里的美妙日夜；像约翰·巴勒斯在哈德逊山谷写下《醒来的森林》，以超然的心绪聆听小鸟愉快的歌唱。

紫竹院是我爱的园子，是钢筋水泥和纷扰喧嚣的都市中一方宁静怡和的净土……这里的一花一木、一枝一叶都给予我启示，这里的河、湖、花、鸟、树乃至人，在不同的季候里，都展示着独特和变化的美，"四月秀葽，五月鸣蜩。八月其获，十月陨萚。"《诗经》里的季节变换、草木生长在这里都看得到。若能从春天开始,记录下这里的美好时光和不断变幻的奇妙时日,记录下与自然交融的时刻获得的意外启示与惊喜,不也是一件令人兴奋和愉快的事情吗?

我愿试试。

这,便是《紫竹笔记》的缘起。

十年的流连,莫名的感应,从立春到夏至,《紫竹笔记》浓缩了一段独特的美好时光和斑斓无尽、生生不息的奇妙时日。

在写下每一个字的彼时,我的内心都饱含了冲动与喜悦,愿它带给您的感觉也同我一样,充实而有光辉。这随性但真实的文字若能于您的内心唤起对自我、对自然、对生活乃至对生命的深入思考与感悟、眷恋与热爱、感激与感谢,唤发出生命本体源源不断的内在欢喜,那我将深感喜悦与欣慰。

"天地与我并生,而万物与我为一。"万物喧哗,终归混沌。抛却世事杂染,这是一片心安之地。

陈艳敏

2018年6月13日于北京

目录

001　东风唤春回

003　小桥外，新绿溅溅

006　我会再来，与你相遇

009　春江水暖

017　听从自然的召唤

039　优雅，在一份气定神闲之中

040　花开无声

041　一地繁华，迎春开无数

043　不问春风自抖擞

045　我的园子，我的花

050　心花怒放正当时

052　不知细叶谁裁出

055　漫步，静心

057　回归的欣喜
059　俯仰天地，纵情高歌
061　新叶微颔细如丝
062　一池春水，一树繁华
064　春日迟迟，卉木萋萋
067　少年不识愁滋味
070　待到山花烂漫时
072　生命如花，常开不谢
084　天真好奇，常变常新
086　一片春心付海棠
095　任时光流淌
101　重返，融入
103　丁香花开，紫荆不让
106　有花堪折直须折
109　人生得意须尽欢
114　自怜潇洒出尘埃
120　天地与我并生
123　瞻彼淇奥，绿竹猗猗

129	幽幽小径伴紫竹
137	结庐在人境
142	古台芳榭,飞燕蹴红英
151	同频同在,同欢同喜
154	生命之美,因应感通
157	满架蔷薇一院香
163	互感互应,宁静欢喜
167	多少楼台烟雨中
169	明媚的园子,我的花
171	重建的古迹,意外的发现
174	漫游,沉淀
186	沉浸于泥土的芳香里
188	重获往日的宁静
192	加入到大自然的循环之中
194	回到原初的地方
199	内心,深藏的眷恋
201	树木环抱间
203	美好,莫名涌来

205	——风荷举
208	海棠依旧，老树依然
211	如期而来，欣然绽放
213	花开满塘，年年盛景
215	平常中，有充实在
218	生如夏花
223	家有紫竹院，何必出远门

东风唤春回

今日立春。

虽然空气中仍有凛冽的寒意,但情绪中明显多了些难掩的激动。每到立春,皆是如此。犹记得某一年的早春漫步紫竹院后即兴诌咏的打油词《卜算子·立春》:

东风唤春回,
飞雪言佳兆。
沿河看柳六九头,
似有花枝俏。

二月河将开,
鸳鸯传喜报。
待到燕子归来时,
欢喜迎春到。

而此时紫竹院长河水的冰已明显变薄,仿佛有了开化的迹象,一切,仿佛都在暗中萌动着新的生机,于春天,燃起新的希望。

2017年2月3日,星期五

小桥外，新绿溅溅

像往常一样，上班路过紫竹院，从东门进来，看到长河水已经解了冻，上面漂着一块块的冰凌，浮动的波光间隐约透露着春天的消息，"五九六九沿河看柳，七九河开，八九燕来。"民间的节气像是生物钟，着实异常精准。想象着明天到来时，小河开化的范围又该增大了一点点吧？用不了多久，小河也就全开了吧？而每到河流开化的季节，我总是难掩心中的兴奋，郁结了一个冬天的河流也将展露出欢畅的表情。

"梅英疏淡，冰澌溶泄，东风暗换年华。"没想到步行至小桥，却看到左侧的河水已是完全解冻，碧波荡漾了，刹那间心情由衷地好起来。鸟雀在枝头一如既往地唱着，常年给这个园子带来活泼泼的生气。清冽的空气里，阳光的罩染下，被蒙上了一层暖色的松木间，喜鹊仍在，鸽子也在，而终日与草木为伴、与日月为友的鸟类一定是早于人类嗅闻到了春天的讯息，它们彼此交头接耳，传递着春的话语，步履姿态都比以往更加轻盈和曼妙；"小桥外，新绿溅溅"，小草正在冬日的枯黄中悄然地孕育着碧绿的生机，静静地等候着春天的消息，伺机待发；经历了漫漫冬日的积蓄，花木仿佛也做好了准备，即将给春天一个绚烂的惊喜。

而在这样一个明净的早晨，在这万物即将复苏的时刻，我像每一日那样漫步于此，竟然意外地萌生了记录下紫竹院四季的想法，以自己的所见、所闻、所思、所感——像亨利·贝斯顿在科德角的海边写下《遥远的房屋》，于静寂的独处中，感受海边四季的自然生态；像彼得·梅尔在普罗旺斯写下《普罗旺斯的一年》，以入世的笔调，展示普罗旺斯的日常状貌；像约翰·缪尔在内华达山写下《夏日走过山间》，以灵性的语言记录那里的美妙日夜；像约翰·巴勒斯在哈德逊山谷写下《醒来的森林》，以超然的心绪聆听小鸟愉快的歌唱。

紫竹院是我爱的园子，是钢筋水泥和纷扰喧嚣的都市中一方宁静怡和的净土，春夏秋冬的紫竹院都展示出不同的美。春天生机盎然，林间不时传来布谷鸟的叫声；夏天草木葳蕤，鸳鸯戏水，鸟雀欢歌；秋天层林尽染，红叶、银杏争相媲美；冬天翠竹掩映，不显萧条。紫竹院就是一块福地。是单位的一份福利。经过十年的缱绻，这里，已成为我异常熟悉并深深眷恋的地方，春夏秋冬，花开花落，四季轮回，草木荣枯，这里的一花一木、一枝一叶都给予我启示，这里的河、湖、花、鸟、树乃至人，在不同的季候里，都展示着独特和变化的美，"四月秀葽，五月鸣蜩。八月其获，十月陨萚。"《诗经》里的季节变幻、草木生长在这里都看得到。若能从春天开始，记录下这里的美好时光和不断变幻的奇妙时日，记录下与自然交融的时刻获得的意外启示与惊喜，不也是一件令人兴奋和愉快的事情吗？

我愿试试。

2017 年 2 月 8 日，星期一

我会再来，与你相遇

　　由于临时被抽调到工信部工作，我有一个多礼拜没有经过紫竹院了，所以迫不及待地想要见到它，看看今日的它是否又发生了新的变化。

　　按照惯常的路线进门向右，沿着长河一路走去，第一眼的长河水就与一个多礼拜前大不相同了，河面的冰不仅已经全然化开，而且大风吹拂下的长河水已然是碧波荡漾，兴冲冲地向东流去，仿佛一下子挣脱了严冬的束缚，显示出勃勃的生机，刹那间我的心情也跟着流动起来。长长的小河中，树林和穿着红色羽绒服的人的倒影在风的吹拂下晕染开来，在河水中影影绰绰，散落成朦胧的景致，而在河水的中央，隐约地还看得见湛蓝的天空——有风的天气里，天就是这样，格外地蓝，以至于来来往往的人们不再介意寒冷，在难得的优质空气里做着深呼吸，脸上带着笑意。

"啊——啊——"走着走着，前方的岔路口忽然出现了一个男士的长声，像是练嗓；"啊——啊——"近处漫步的人影中又出现一个拉长的女声与之应和。"啊——啊——""啊——啊——"……此起彼落，如此经过了好几个回合，最后那男士鼓足了气力，拉了一个长出几倍的长音，这边的女士显然有些力不从心、无法应对了，停了下来，而那男士继续拉着长音，从另一条小道走远了，"比赛"结束，作为路人的我们，心中却有着一种说不出的欢乐。我喜欢看到这些老人返老还童的样子，经历了人生的坎坎坷坷，在暮年的时候又找回一派自由和天真，从心所欲，这是多么令人愉快、让人欣慰的事。而紫竹院，给他们准备了这片天地，这个舞台。

弯曲的小路旁，沿湖的岸边，除了竹子保持着一年四季的绿，几乎所有的树木都还沉浸在冬日的肃穆里，伸展的枝丫上还未见一片树叶，一个小芽，唯有近处的枝条在天空的背景下呈现着天然的曼妙，那是自然的大笔勾画出的速写的轮廓，其完美的程度不是人世间的画家能够企及的。但即便如此，我知道，用不了多长时间，这些静默的植物还会发生更多的神奇，迎来千姿百态、更加曼妙的时刻。这是大自然的造化。在大风的吹拂下，今日的竹林仿佛也展现出往日少有的激情，随风尽情地摇曳着,似乎在召唤着春天。

  初春的海棠似乎还在沉睡,从那光秃秃的树枝上还难以想象他日明丽的绽放,稀稀落落的人们在它的旁边锻炼,陪伴着它一起等待,安闲从容,似乎并不着急;而驻足迎春花前,却已然能看到紫红色的花苞似乎比冬天更艳了一些,形态也更长了一点,它仿佛在悄悄地生长,一点点,一点点——迎春花是春天的使者,总是第一个报告春天的消息,沉睡了一冬的它已经迫不及待地想要开放了吗?它急于要向人们讲述春天的故事,急于让越过漫长严冬的人们重新看到幸福、温暖和希望吗?

  看着那紫红色充满希望的苞芽,我忍不住怀着欣喜,在心里轻轻地对它说:我会再来,与你相遇。

2017 年 2 月 20 日,星期一

春江水暖

　　今天没有风,天气感觉相对"平和",只是没有太阳的早上,楼宇间似有隐约的雾霭笼罩。

　　走进紫竹院,看见日日在这里锻炼的大伯大妈们和着喜庆的鼓乐声扭动着身姿,祥和中有着一种勃发的朝气和优美的节奏,像往日一样,我有加入进去跳舞的冲动,人生的每一个早上不都应该尽情地舞蹈吗?但彼时的我却也只是面带笑容,驻足欣赏了一会儿,让心灵在那富有韵律的节奏里获得片刻的放松,然后离开,右转走向了紫竹院的深处……

　　"啊!啊!啊!啊!"空中传来鸟儿的叫声,这声音熟悉,但却无法确切地知道是哪一只或哪一种鸟发出的,只是勾引出许多的好奇和想象。看得见的花喜鹊在枝头间飞来飞去，有时从这边的枝头急速直下，降落到对岸小湖边的一块空地；有时展开翅膀，成群地掠过天空，飞向远处的树林，似乎比往常更加活跃。而莲桥边的竹林间，却陡然传来吱吱喳喳、抑扬顿挫的合唱，随着脚步的走近，那声音变得愈加地真切和浑厚了，迷幻闪烁，扑朔迷离，仿佛华丽的交响乐，刹那间唤醒我所有感官所能带来的愉悦，此时我只能驻足聆听，并情不自禁地望向竹林的深处。然而不成想我悄然的喜悦还是惊扰了它们，只见一群小麻雀忽而从竹林间飞了出来，"交响乐"刹那间停止了……然而停顿了两秒之后，"音乐"又依稀响起，婆娑的竹叶间，我隐约看到一两只麻雀安然地待在竹枝上，朝向着即将完全开化的紫竹湖面。

恍惚间我想起恩师徐湛先生的写意画，紫竹院的麻雀多少次地飞进了画家的笔墨间啊！因麻雀有"家巧儿"的别称，有"家和万事兴"的美好联想与寓意，将画室选在紫竹院旁、常到紫竹院散步的徐湛先生对紫竹院的麻雀更是喜爱有加，无论是迎面飞过的成群的麻雀，还是两两絮语的成双的麻雀，都给予他无穷的灵感，在不同的时间、不同的际遇和不同的心情里进入到他的创作中，凝固成恒久的艺术，在更高的层次唤起人们的美好联想。至今还记得先生讲到他的麻雀图时不无兴奋的情景："那天在紫竹院正走着，忽然看见一大群麻雀'呼'地飞过来，'呼'地飞过去，我很好奇，看了好久……"回到画室，就有了《跟徐湛学国画》教材里的这幅《天高云阔任遨游》。

我还想起几年前在读陈子善、蔡翔主编的《鸟》时，就曾联想到紫竹院这个欢乐的园子，2013年的日记里曾经留下这样的文字：

> 上班偶尔从紫竹院穿过，一任朝阳从大树的枝叶间洒落，斑斑驳驳地洒在身上，常常会有迷离恍惚的温暖幸福之感，而这时林间突然传出的一两声"咕咕咕咕"——布谷鸟的叫声，刹那间又会将这种幸福和闲适引向极致并拉向远方。那声音圆润浑厚又空旷辽远，给人留有许多美好的联想。而近处的喜鹊，或翘着尾巴或张着翅膀在竹林里觅食，或立于杨柳的梢头啾啾地报喜，都是一片欢欣愉悦的景致，在这美好的光阴里，我常常流连忘返。

紫竹院是一座丰富的宝库，不知道激发了多少诗人、艺术家的灵感。"民国四公子"之一的张伯驹曾多次来此游玩，留下优美的诗文、画作数篇，其中一篇《风入松·再游紫竹院观白荷花》如此写道：

> 妆成夏意与秋痕，玉立镇丰神。接天映日无穷碧，罨濛濛、湖水湖云。来去偶然翠羽，浮游自在金鳞。愿将慧业问前因。入火入泥身。相忘尔我虚空里，噪蝉声、聒耳无闻。刹那人

间净土，清凉世外红尘。

此时距"接天映日无穷碧"的时日还稍稍有些远。再往前没走几步，便见菡萏亭由四根朱红色立柱支撑着，横架小桥之上，沟通左边宽阔的湖面和右边悠悠的长河水。"菡萏"是古时对荷花的称呼，南唐中主李璟有《浣溪沙》词："菡萏香销翠叶残，西风愁起绿波间。还与韶光共憔悴，不堪看！"同样的景致，不同的心情下，咏出了不同的诗篇。而这里的四根立柱据说是四灵立柱，所谓"四灵"，是指青龙、白虎、朱雀、玄武，是天空中的四个星宿，代表四个方位。菡萏亭的"四灵"，南面左为凤凰，右为青龙；北面左为神龟，右为麒麟。或亦是从星宿演化而来，被园林设计者采用，可见用心良苦。左右赵朴初先生书写的大字楹联更为这独特的风景增添了高雅的意趣："竹本无心节外偏生枝叶，藕虽有孔胸中不染尘埃。"据说是出自东晋大诗人谢灵运的一个轶事典故：

> 诗人谢灵运任永嘉太守时，经常外出体察民情。一日到景宁鹤溪山村，宿溪边一客店，吃罢晚饭，正拥被于床上看书，一阵楼梯声，有人来给他送茶。谢灵运抬头一看，见一个十五六岁的小姑娘，打扮朴素，一条丝带扎着满头秀发，就随口吟道："六尺丝带，三尺缠头三尺挂……"不料，姑娘朝谢灵运淡淡一笑，便答："一床棉被，半床遮身半床空。"

谢大吃一惊，想不到姑娘有如此才气，对仗如此工整，可惜口气有点轻飘，我男你女，你怎好说老夫棉被半床空？便道："竹本无心，偏生许多枝节。"姑娘一听，知道刚才随口所对，易生误会与漏洞，马上答道："藕虽有孔，不染半点污泥。"谢灵运一听，知其所对不是轻飘，乃无心所对，就故意叹气道："唉！山深林密，教樵夫如何下手。"姑娘从容答道："哎！水清沙浅，劝渔夫莫费心机。"答罢，泡好茶，带上房门下楼。谢灵运目送姑娘离房，自言自语道："山高溪小，偏出如此奇女。"偏偏姑娘在楼梯上听到，便朗声答道："地僻村贫，莫嫌怠慢贵客。"

故事虽未查考，莞尔听来，却也有趣。

走过亭子，回眸再看，又是一副楹联："月移竹影疑仙苑，风送荷香度画廊。"想象得出，待夏日来临，荷花满塘，这里又是一番怎样的景象。而旁边靠近长河一侧，却见一棵几抱粗的老柳树泰然自处，不知道在这里生长了几百年，老态龙钟的枝干分发四面，其中一枝蔓延至路的上方，被人用一根铁架子支撑着，古亭、老树、小桥、流水，自成一景。据说，长河两岸的柳树曾为慈禧所植，不知真假。但看这树，的确是很有一些年头了，大概需要三个人才能环抱。如今棵棵树上缠着写有"北京市林业保护站"的胶带，以前在西山森林公园见过，据说是保护树林不被毛虫侵扰的一种科学保护方法。

抬眼左边，布满了残荷疏影的荷塘还未完全摆脱冬日的气息，给画舫留出的水道还结着薄薄的冰；不同于昨日大风吹拂下的碧波荡漾，右边的长河水此时静谧、安宁，呈现出另一番情状，树的倒影清晰可见，显示着完整的轮廓，将河水衬托得愈加清澈。身边不时有人在跑步，但更多是快走锻炼或悠闲漫步，其中不乏"脸儿熟"之人——他们如我一样，也是紫竹院的常客，一年四季都离不开这个地方，在这片园子里，有时见他们迎面走过，有时见他们驻足湖边，有时见他们吟诗作画，有时听得到他们小声呢哝，或低语，或哼唱，沉浸于他们自己的角色和想象里，然而无论怎样，那都是一番自由惬意的景象。

又像往常一样，不知不觉走到了桥头的十字路口，但这次我改变了路线，决定到左边的那条道去看看，多日不见，看看那里的竹子是否有新的变化，看看那条幽静的小道儿是否又有了些新的见闻……首先看到的是问月楼——这个曾经一掷千金的高消费场所，虽然依旧面湖临水，翠竹环绕，但今日看上去已颇显冷清，"问月楼"的招牌前特意竖了块大牌子，将看家菜品和标价一一列出，似乎有意于强调它现在是面向大众的身份。我想从这里到湖心岛去看一看，路过时看了看它的"食谱"，其中一个"紫竹白菜"仿佛还真有着一点紫竹情调。

从湖心岛的水榭望向紫竹湖，顿时感觉开阔无比，紫竹湖上化开的大半面已是波光粼粼，远方的树影笼罩在白色的雾气中。这时，远处平静的水面上忽然有了一圈涟漪，感觉像是一条大鱼跃出水面,又迅速地沉入水中,然而定睛再看,是一只野鸭、鸳鸯或白天鹅,在远处缓缓地游着。"竹外桃花三两枝,春江水暖鸭先知。"再没有比诗人的捕捉更敏感、更到位的了。而这里的水禽在未见竹外桃花之时就已闻到了春天的消息。二月的空气里还夹杂着许多的寒意,而野鸭、鸳鸯或者天鹅,已经来赴春天的约会了,在这样的时节,它们总是会如期地冒出来——仿佛早早地就知道了冰化了的消息,城市中这一片难得的水域又将是它们的乐园了。我站在那里,静静地看着远方的"天鹅",只见它又一个猛子扎了下去,不见了,涟漪随之扩散开去,当水面重新恢复了平静之时,不料它又在前方几十米的地方出现了,如此的"动作"不断地重复,它在向北游。而北面靠近搁浅游船的水面上,隐约有灰色的类似野鸭或鸳鸯的生物在缓慢游移。兴之所至,我决定原路折回,返回到以往的路线,为的是去看看这些于春天里"初次"露面的小动物。

而当我真的折回来时,那些小家伙们却不见了踪影,是我的幻觉吗?还是它们去了别的地方?先前看到的"白天鹅"也在远方宽阔的湖面上变成了一个蠕动的小点……

"小白杨啊小白杨……"然而这片园子总是不会寂寞,随时都有意想不到的风景,此时耳边突然响起了嘹亮的二重唱,循着歌声望去,右前方的另一条小路上,两位老人停在路边,正在热情洋溢地合唱,大妈坐在轮椅里,大伯围在她身旁,打着拍子望着她,声调和动作里都带着掩抑不住的激情和欢乐,路人，我，都被这场面感染了，心中平添了许多快乐。一曲唱完，坐电动轮椅的老人径自往前走了，旁边的老人则和迎面过来的熟人热络地打着招呼，原来，他们并不是伴侣，而是紫竹院里的老相识啊。这个园子，给这些退休或多病的老人带来多少的温馨和慰藉啊！

这是一个迷人的园子，我们都爱它。

2017年2月21日，星期二

听从自然的召唤

一

一进到这个园子,心中就溢满了欢喜,况且今天是个十分晴朗的天气。

由于昨天刚刚下过一场雪,今日的天空看上去格外地蓝,阳光也显得异常通透,给人一种舒展的感觉。前面宽阔的大草坪上,水杉和雪松的影子被拉得长长的,和已经返青的小草,尚未融化、被阳光罩上了一层暖色的雪形成鲜明的层次,恍惚间有种置身油画的感觉。大树下的草地上一两只喜鹊蹦蹦跶跶,寻寻觅觅,似是自由自在,无忧无虑,而在天空湛蓝的背景下,花喜鹊展翅飞翔的姿态看上去更加优美，一会儿保持静态的英姿掠过天空，一会儿忽闪着翅膀向前方的树林悠然地飞去，三三两两，窃窃私语。由于光秃秃的树枝上还未长出一片叶子，树杈上的鸟巢仍然一目了然，充满了温暖的想象，不知道那是哪一只鸟儿的家。

走过草坪，我沿着林中小道儿还是又回到了长河。穿园而过的长河水仿若紫竹院的血脉，沟通着颐和园，经过了圣化寺、石佛寺、万寿寺、法华寺、广善寺、翠峰庵等名园古刹，长河已经在这里流淌了两千年。

紫竹院的历史和长河有着千丝万缕的联系。两千多年水系的积淀，成为今日紫竹院公园千年风景的依托。

长河源于玉泉山水。玉泉山水汇合了西山诸泉，流出静明园后进入北长河，经玉带桥流入昆明湖，湖水向东南方向流经长春桥、麦庄桥、万寿寺，过广源闸、紫竹院、白石桥、正觉寺、高梁桥，从西水关进城，出城后进入通惠河。由绣漪桥至高梁桥这段河道长 5.8 千米，称为"南长河"，简称"长河"。

长河自金代开通以后，在其下游建成了元大都城，自此长河就成为北京城主要的甚至是唯一的供水渠道。元、明两代的长河，由于气候适宜、环境优美，京城仕女竞相来此游春。"长河看柳，高梁桥踏青"，成为多年沿袭下来的京城民俗和传统节日。乾隆十六年（1751年），清廷专门设立"长河工程处"，全面规划并完成清挖河底、局部拓宽河道、整修泊岸、修建行宫和码头等工程。这样，长河这条水上御道就建成为一条设施完善、功能配套的水上游览路线。

长河在辽代及以前叫高粱河，金代叫皂河，元代叫金水河，明代叫高粱河，清代叫长河。《顺天府志》《明清北京城图》《水经注》《辽史》《金史》《元史》《明史》《帝京景物略》《天下旧闻考》《春明梦余录》《燕京岁时记》《北京风俗杂咏》等古籍、文献中对其均有记载。去年在紫竹院"长河·紫竹院"历史文化展的古籍中我曾看到"花朝日游紫竹院，泛舟长河"的句子。而早在元代就有皇帝游幸于此的记载，《析津志》说："肃清门广源闸别港，有英宗、文宗二帝龙舟。"

1215年，蒙古骑兵南下，攻占了金中都，并且一把大火焚毁了金皇宫。1267年，元世祖放弃旧城，以琼华岛所在的湖泊为中心兴建新的都城。这样一来，城市便向东北方迁移到了高粱河水系。高粱河原有水量供应漕运还算充足，但是既要供应城市用水，又要满足漕运要求，就显得紧张了起来。元代水利学家郭守敬在建都之初就发现了这一点，历经多次勘探后，决定从西北昌平的白浮泉引水，经瓮山泊，走玉河渠道，下往高粱河，从西水门注入积水潭，南出大都南城墙，转而东南，与前中都故道相接，重加开浚，并建船闸，东至通州入白河，这就是著名的通惠河引水工程。

明代初期建都南京，大都改为北平，于是通惠河没有了漕运的任务，上源白浮泉因30年无人管理而湮塞殆尽。1403年，永乐帝迁都北平。此时白浮泉早已不能瓮山泊。明皇室定都北京后皇城向外扩张，将通惠河上游一段纳入皇城之内。汇聚了玉泉山诸泉的瓮山泊就成了城市供水的唯一来源。长河水上运输功能更加突出。

经由了元、明两代发展，长河景观在清朝得到进一步完善，两岸遍植柳树，成了一道风景线。由于明代堪舆术在上流社会盛行，从皇家到民间上行下效。这种情况造成像长河这样被认为是"风水宝地"的地方，在一个时期内集中出现了大量宗教建筑，特别是中下游地区。较多宗教活动和秀美的自然风光使长河沿线成了民众理想的郊游之地，并逐步成为开展丰富多彩民间活动的首选佳地。

宏觉禅师释道忞于顺治十六年（1659年）奉召进京后曾来此游玩，当他看到"北城僻处，活水环流，绿圃苍畴，一望无际，而罗青错黛，掩映眉端者，则西山群峰之奇胜也。"（见《北都城西紫竹院放生社序》）不禁赞叹不已，和友人商量将此作为放生之所，并建了放生池。这位高僧常和顺治皇帝谈经论道，一度引得顺治皇帝差点儿削发出家为僧。这在彼时曾是一件震惊朝野、扑朔迷离的大事。

历史上紫竹院有着"远山近水、塔影桥堰、荷塘鸟语、夹岸高柳"的盛景，昔日明代双林寺庄严肃穆，翠林环绕。清代行宫幽静秀美，精致典雅。为无数文人墨客流连。

然而这里亦有伤心之事，纳兰性德在其亡妻卢氏去世后，

就曾暂厝于双林寺中,他日夜守灵并作下《望江南·宿双林禅院有感》:

挑灯坐,坐久忆年时。薄雾笼花娇欲泣,夜深微月下杨枝。催道太眠迟。憔悴去,此恨有谁知。天上人间俱怅望,经声佛火两凄迷。未梦已先疑。

一年后,他为纪念亡妻又来此地,经声佛火中又吟成一阕《忆江南·宿双林禅院有感》:

心尽灰、有发未全僧。风雨消磨生死别,似曾相识只孤檠,情在不能醒。摇落后,清吹哪堪听。淅沥暗飘金井叶,乍闻风定又钟声。薄福荐倾城。

真是戚戚复戚戚。后来卢氏墓移至纳兰家族安息。

今天的长河像一面镜子,平静得没有一丝的波澜,树木、人影、蓝天的倒影清晰可见,如真实的物象一样安然,经过了绿水的美化,甚至比岸上的风景更加清新美丽。无风的天气里,没想到它竟然如此静美。

今日走到桥头我过桥右转了,从河的对岸绕回去,向东再向北穿过一片松林,沿着曲折幽静的小路到达一片竹林,再经过两个树木和竹枝掩映中的小亭子,来到白杨和银杏树下、竹影婆娑之中摆放着六条椅子的一小块空地。那也是我经常光顾的路线。冬天以外的季节，于上班前的半小时里，我时常坐在这里最西面的长椅上读书，有时候，能清晰地看到阳光穿过白杨树高大的枝干，或于树叶的缝隙间闪烁出耀眼的光芒，时光便变得异常迷人。我常常会不由自主地停下来，将眼睛从书本移开，专注地欣赏竹林间斑驳的光影，聆听小鸟愉快的歌唱，或者看花喜鹊在近处或远处的树枝上飞来飞去，那是一种沉醉的、不忍离去的感觉，脸上，心上，都盈满着欢喜。有时自竹林深处还会传来或悠扬或婉转的笛声，从吹出的曲调能够判断吹笛人的心情。如果是夏天，旁边的蔷薇开得热烈而奔放，明媚而绚烂，怡人的香气幽幽地弥漫开来，更是让人陶醉。即使是冬天，或如此时乍暖还寒的季节，我也常会到这里来看一眼——这是我早已熟悉的一块地方，这里的空气，连同它周围的花草树木，都已如老朋友一般，见上一面，吸上一口，有说不出的安心和安然。包括途经的松林里迎着朝阳喊着口号做操的老人，竹林旁绕着树木不停转圈锻炼的大伯，都是一年四季的风景，每每看到，也都让我感觉熟悉和亲切。在这么一个沉静而又富有生气，素朴而又不失雅致的园子里，这一切都不可或缺。

从这里出来，我选择另外一条道儿向西走出竹林，来到大路上，此时犹豫了一下：是向左走还是向右走？向左，有迎春花和紫竹湖等着我；向右，可以看看长河紫御码头的画舫是否已在等待启航了。两秒过后,我选择了向左,那里的迎春花牵挂着我,我想看看它的小花苞是否又长大了一点,此时又发生了怎样的变化。

果不其然,变化时刻都在发生,紫竹湖畔,路旁迎春花的小花苞比两天前更加醒目了,不知什么时候暗紫中又长出了一点鲜红,隐约的蓓蕾顶端还透着一点点黄绿,层层地包裹在里面,可以想见未来的日子,那些明亮的花瓣将从这里舒展开来。

我想,如果能在一株花木前静静地待上几天,你定会发现更多关于它们的细微秘密与欣喜。

再看旁边的紫竹湖,由于下雪的缘故,本已开化的湖水又结了一层薄冰,在阳光照耀下反着耀眼的强光,前天邂逅的野鸭或天鹅没有了存身之处,此时又不知道哪里去了。

湖的西侧被一条蜿蜒的小道隔成一个小的湖面,两湖之间由一座小桥沟通,自成独立的风景,不呆板、不凝滞。所谓的小道儿,就是紫竹院"三湖两岛一堤"中的"一堤",两旁栽植着树木,夏日里枝繁叶茂,东边是宽阔的大湖,西边是市民垂钓的乐园。而此时,明亮的阳光照射下,大树的影子呈半透明状,投射到结了冰的粗糙湖面,给人一种隐约而又朦胧的感觉,颇富诗情,又具画意,那不是人工的摆设或创造能够达到的效果。正如大自然是一个富有天赋的艺术家,在它不动声色的神思冥想之中,奇迹一个接一个发生,在美妙的节奏和韵律中,四季美妙谐和,轮回有序。

"咪咪？咪咪！"正走着，我前面的一位老伯忽然停下来，轻声呼唤湖边走过来的一只小猫，小猫咪听到召唤，停下来看了看他，接着走开了。这只猫咪是流浪猫。紫竹院有很多流浪猫，过去有一位专喂流浪猫的老人，酷暑寒冬，一天不落，每天都看到她用买菜的小车拉着猫粮，走过小桥，在长河北侧摆出一些小盘小碟，一下子就会围过来好多流浪猫——也许它们在这里也是为了等待老人光临的。有时淘气或并不饿的猫咪上到房顶不下来，她就会像唤自己的孩子一样一遍一遍地招呼它："花花，下来，花花，下来，吃东西了。"有一个寒冷的冬天，我看到这位大妈如往常一样待在那里，弯下身来喂她的猫咪，而彼时冷得空气似乎都要被冻住了，我突然间被她感动，已经走过去的我又折了回来，从包里掏出100块钱给她，请她给猫咪买点猫粮。

　　大妈是个平凡的大妈——一个年逾古稀、走路都已有些缓慢的老人，而善良、悲悯、大爱，常常就蕴含在不显眼的平凡之中，她的故事，给冬日的紫竹院添上了深情、温暖的一抹色彩。

　　后来，紫竹院长河东段北岸靠近国家图书馆的部分要进行工程改造，被封了起来，在那里见不到大妈了。而在紫竹湖东面的树林和北面的竹林里我看到过她的影子，她仍在唤着她的猫咪，仍然拉着她的小盘小碟。再后来，就没有再见到她了，紫竹院的猫咪似乎也减少了不少，不再能时时见到它们的身影了，不知道那些"花花""喵喵"都到哪里去了。不知道，今日的老人是否依然安好?

紫竹院,将我带入无尽的回味,有一丝欢喜,突然之间,也有了一丝感伤。

二

难得的好天气,中午又来到紫竹院。

紫竹院被大楼里的同事视为了后花园,也有人将它视作"福利",那都是从这个园子里收获了"好处"的人。当然包括我在内。记得到这里上班的最初几年里,我一直未能领略到它的魅力,甚至几年里都对它麻木不仁,视而不见,看到同事每日午饭后去紫竹院也有些不理解。后来在同事的招呼下跟她们一起去散步,用她们的话说叫"走圈儿"锻炼,与这片园子接触多了才逐渐地体会到它的"好"。而所谓的"走圈儿"是为了锻炼,圈儿分大圈儿和小圈儿,大圈儿是从南到北绕着紫竹湖一直到筠石苑,绕整整一大圈儿,小桥流水、山石竹影几乎全看遍,小圈儿就只是绕紫竹湖快走一圈儿,究竟是走大圈儿还是走小圈儿要视闲暇时间的长短和心情而定。

而更多的时候,我喜欢在这片园子里独自漫步,那是一片难得的自由好时光,这,大概形同梭罗在漫步中找回"我"的感觉吧?

从单位漫步至紫竹院西南门,扑面的阳光给人一种和煦的感觉，春天是真的来了。此时的路线与上班时来的路线相反，从西南门进到园子里，我像过去的每一日那样习惯性向右，沿着斜伸开去的一条石板小路走入紫竹湖南面的小土山上，那是一片鲜有人至的静心乐土——坐在中间那片空地的石凳上，左右望去，都只见茂密的松林密密匝匝，蜿蜒的石阶小路在视线里、丛林间时高时低，时隐时现，悠然地伸向远方。近处墨绿的长针松叶带着凛然的气息岿然不动，在天空中留下肃穆的轮廓，白皮松下或荣或枯的花花草草和彼此纠缠的灌木丛散发着些许古老的气息，喜鹊在松林间跳来跳去，小鸟在枝头吱吱喳喳地唱，又给这里增添了无限生机。这时候我什么都不想，抛却凡世的俗务和名利纷争，让思想超脱于万物之上，停留在某个空灵的地方或随风飘散，是一天里最为美好和惬意的缓冲。和紫竹院接触的许许多多个日子里，我无数次地得益于它。这里，也是一片心安的土地。接受大自然馈赠的某一个刹那，我曾经萌发将办公室搬到这里的幻想，接受着树木、丛林、湖水和阳光的启示，伴着小鸟的歌唱，人的思维、想象和创造力是否会无限发散？可是我们，为什么天天只能被禁锢在钢筋水泥的"牢笼"里？可是人类，进步至此，为什么仍然没有让自己得以释放？人类不但没有解脱自身的束缚和枷锁，而且还在用所谓的"智慧"发明和创造着更多的枷锁。

到大自然中来吧，如梭罗所说："我相信大自然有一种莫名的魅力，听从它的召唤，我们就会找到正确的方向。"大诗人徐志摩感喟于自然，在《翡冷翠山居闲话》中也曾有过一段独白：

> 所以只有你单身奔赴大自然的怀抱时，像一个裸体的小孩扑入他母亲的怀抱时，你才知道灵魂的愉快是怎样的，单是活着的快乐是怎样的，单就呼吸单就走道，单就张眼看耸耳听的幸福是怎样的。因此你得严格的为己，极端的自私，只许你，体魄与性灵，与自然同在一个脉搏里跳动，同在一个音波里起伏，同在一个神奇的宇宙里自得。我们浑朴的天真是像含羞草似的娇柔，一经同伴的抵触，他就卷了起来，但在澄静的日光下，和风中，他的姿态是自然的，他的生活是无阻碍的。

洒脱通透，自由无碍。

虽然紫竹院只是喧嚣都市中不大的一块清凉净土，但它也已经给予我足够的启发。

与早晨相比，中午来这里的人明显增多，可以用"成群结队"来形容，热闹，但不反感，反而从另一个角度给这个园子增添了魅力——它的人气是多么旺啊！热闹的人群从来不影响自己的独处，"结庐在人境，而无车马喧"，在富有动感的人群中，有时还会更加清晰地观照自身，这是一件多么美妙的事。

中午到这里来的大部分是周边公司、机构里的员工，午后难得的一小段休闲时光里，不少人甚至都懒得将职场的胸卡摘掉，但他们脸上洋溢的是清一色的兴奋与欢乐，他们边说边聊快步向前——快走是这里常见的锻炼方式，为了将刚刚吃进身体的食物消化掉，燃烧体内多余的脂肪，或者就是通过运动使心情得到舒缓，那都是一种快乐的感觉，何况这是一个无比明媚的好天气呢！

　　身边的斑竹，早园竹，巴山木竹，在阳光的照耀下似乎有了种透明的质地，碰触到温暖的空气，已经全然舒展的枝叶在微风中轻轻摇曳着，用全新的姿态欢迎春天的到来。不经意间，我发现玉兰花已经吐出桃核般大小的花苞了，绿色的花苞上罩了一层毛茸茸的小白刺，已然也在等待开放了。还记得去年春天，东门附近的这两棵玉兰花树一红一白昏天黑地正开得热烈，明媚的暖阳下浑然不顾地恣意怒放，忽然被我发现了可爱的一幕——白色的玉兰花树上挂着"紫玉兰"的标牌，紫色玉兰花树上挂着"白玉兰"的标牌，"紫玉兰"开着白花，"白玉兰"开着紫花，到此一游的人们禁不住会心一笑——可以想象，这标牌是在夏天、秋天或冬天被园林工们挂上去的，看着尚未开花的花木，大概他们也记不清到底哪棵是白玉兰哪棵是紫玉兰了吧。今天出于好奇，我又来到这里，看到标牌已经被调整了过来，呵呵。

　　再看其他的树木，有些虽然叫不清名字，但能看到小花苞也已长出米粒儿那么大，已能足够唤起人们烂漫的想象了。置身其中我常常有种迫不及待的感觉。领略过紫竹院的许多个曼妙的春夏秋冬，看到春天的心思又在温暖的阳光下萌动，今天的我内心涌起一股想要分享的冲动，分享它四季的美丽和心中的欢喜。随处可见的花木沉醉于暖阳中，贪婪地吮吸着能量，似乎能看到、听到花瓣一点点滋长一点点伸展的姿态和声音，那一个时刻，我觉得我与它们，与园子里的一切生物和景致——花草，树木，山石，飞鸟，都是相通的，在它们和自我的体内，都蕴含着来自大自然的勃然生机和不绝的欢喜。

在前方，见有人将手机对准一株花木照相，走近一看，那是一个微露着一丝胭脂红的花苞，"这是什么花啊？""牡丹啊！"当随口问出这个问题，正在拍照的大哥不假思索并略带诧异地说。是啊，我怎么会不记得这里的牡丹了呢？每年四月，这里成百株的（据这里的标牌记录，是40余种共1000株）各色牡丹就会争奇斗艳地开放，引来许多游人驻足观看，拍照留念。一个春天的早上，我在紫竹院漫步时遇上恩师徐湛先生和师母马老师，二老还兴致勃勃地专门将我带到此地，欣赏这里的国色天香，观赏它的形态，研究它的画法，给我讲解牡丹和芍药的区别。做一个画家，日日采撷美好是幸福的，这里的牡丹已不知道多少次进入到先生的画里，在淋漓的水墨中呈现出千姿百态。内感外应，我相信，那悉心作画的每一个时刻，先生也应是怀着由衷的感喟与欣喜吧。但先生说：画画是个愉快的过程，也是个艰苦的过程，需要千锤百炼，花很多工夫和心血。

牡丹丛中的几棵西府海棠依然静立在那里，犹记去年春天路过此地时海棠花粲然绽放的情景，给人带来无尽的喜悦，将生活渲染得无限美好。而此时，它的花苞还未吐出来，它也在静静地接受阳光的照耀，开花的日子看来已是指日可待了。

　　春天，就是如此地富有想象和希望。

2017年2月23日，星期四

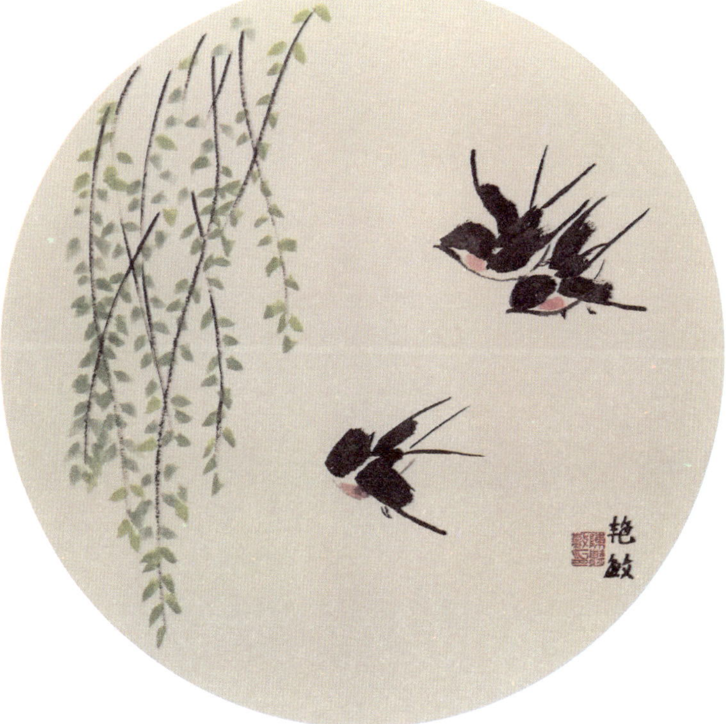

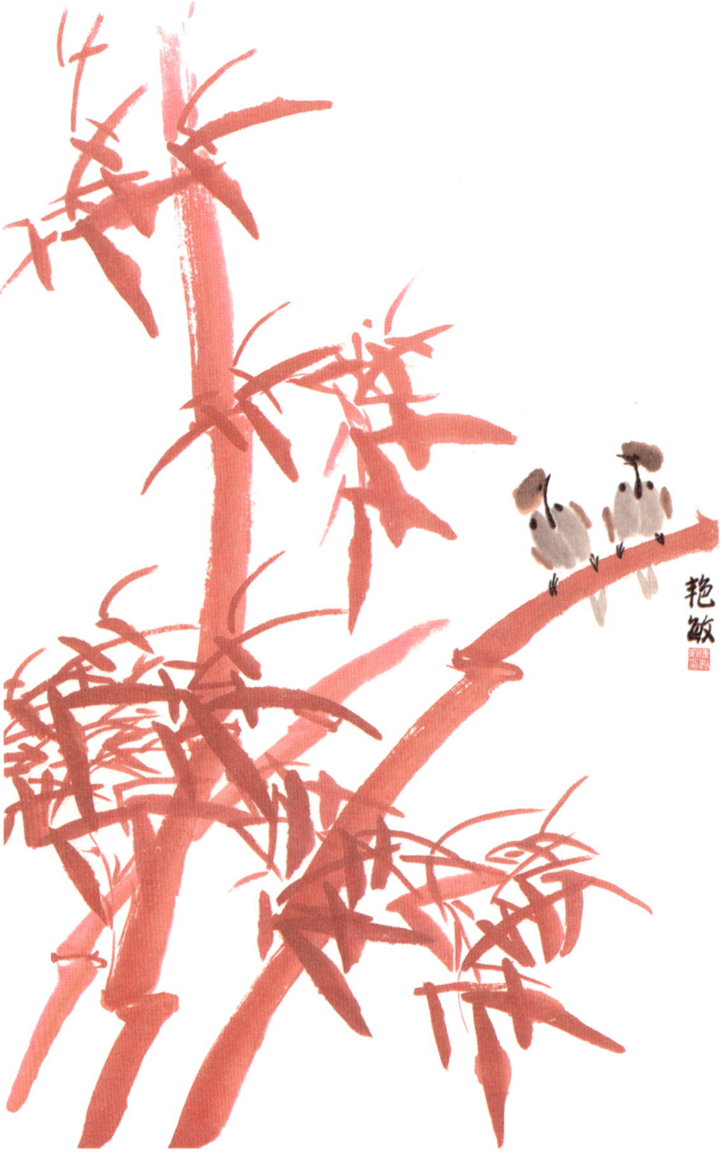
艳敏

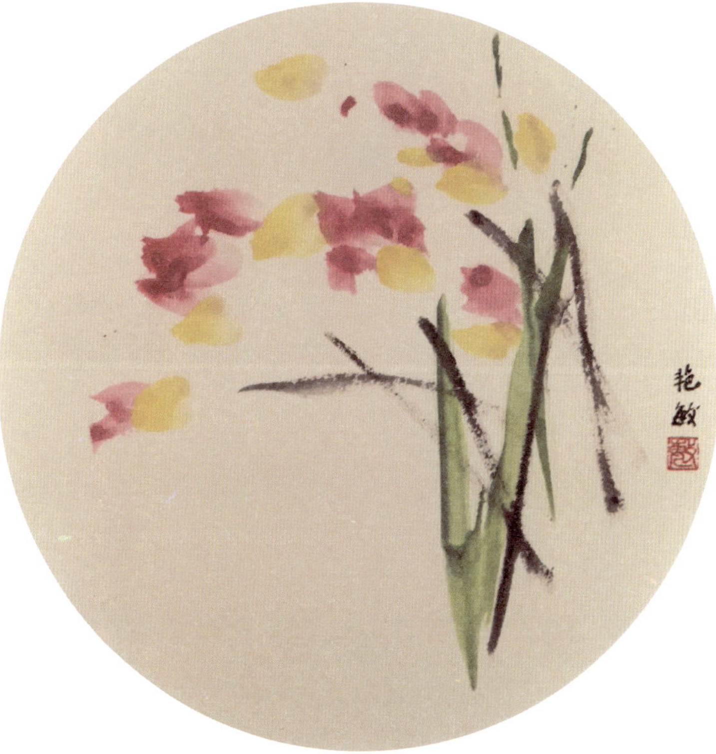
艳敏

丁酉仲夏
艳敏作

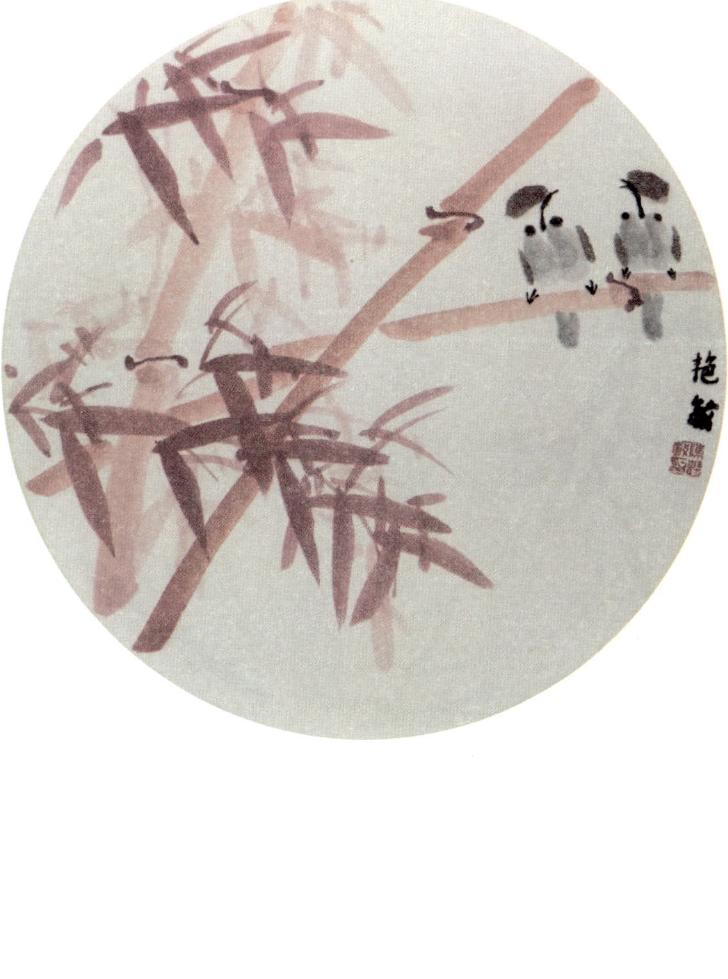

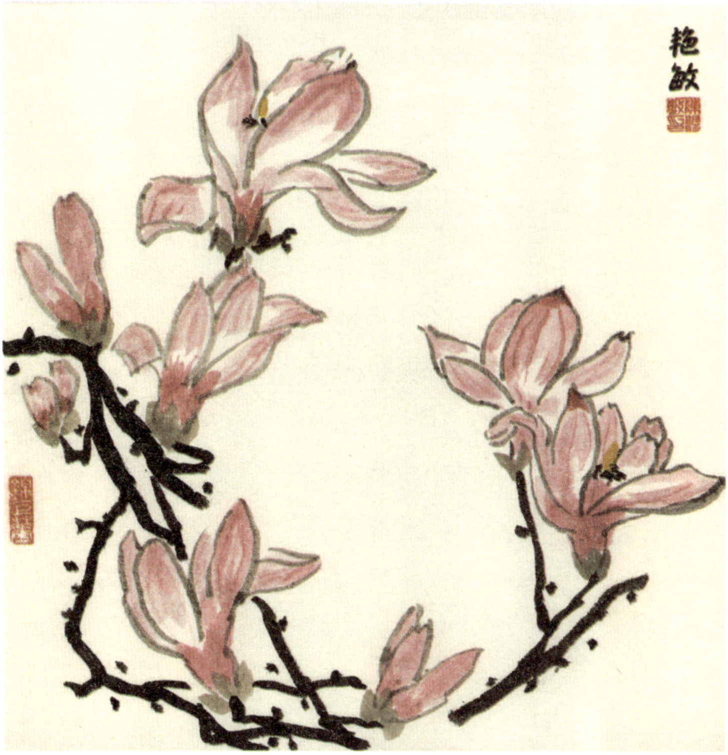
艳敏

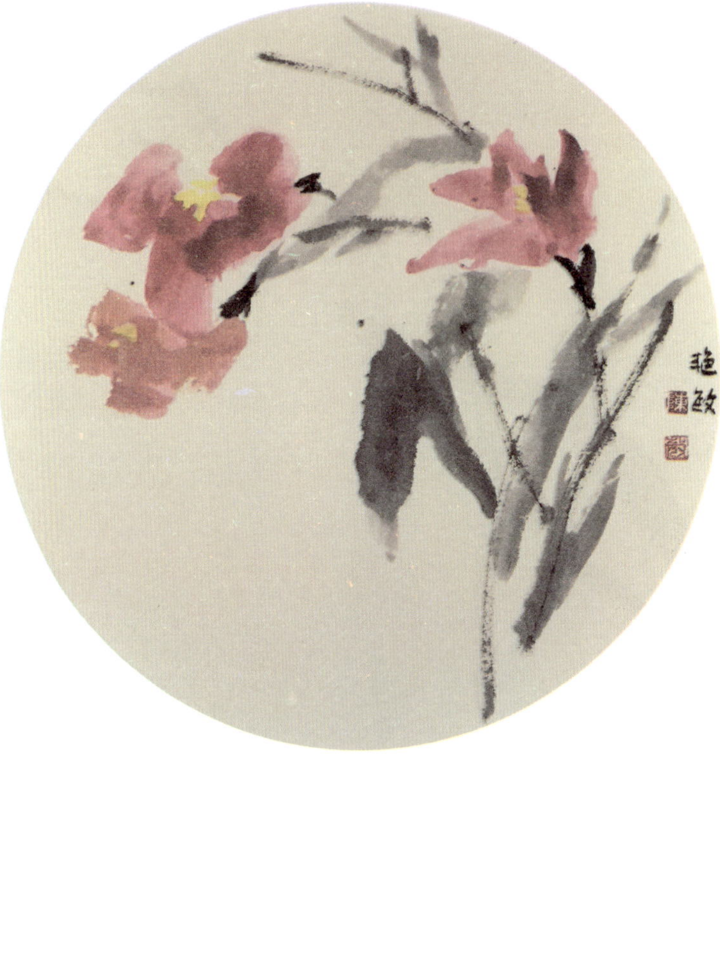

优雅，在一份气定神闲之中

今晚，看到熊燕在微信朋友圈发了迎春花的图片，我感到有些惊讶，这是哪里的迎春花已经开了呢？瞬间想到紫竹院的迎春花，昨日还只见生长着的花苞，难道一夜之间都已经开放了吗？刹那间我恨不得立马过去看看。而转念一想，似乎又感觉那不会发生。不知道是什么缘故，也许是离水太近，气温相对偏低？总之紫竹院的迎春花往往会比他处的迎春花晚开那么几天，有时候看到同事已经在微信上分享西山的迎春花了，紫竹院的迎春花还仍是一派沉着淡定。不过，有苗不愁长，有花不愁开，来这里的每一个人都有足够的耐心等待它。人生的优雅，也在那份气定神闲之中。

2017 年 2 月 24 日，星期五

花开无声

今天,在同事的微信朋友圈里看到紫竹院的迎春花开了,有些遗憾亦有种羡慕的感觉——到底我还是错过了看它生长,伴它一起盛开的时刻——此时的我正坐在位于西单的工业和信息化部的会议室里,手头是忙忙碌碌的工作,窗外是鳞次栉比的楼房,仿佛有一道无形的屏障将我与大自然断然隔开,目之所及,了无生趣的钢铁森林里看不到一丝春的气息。

我想早一点回到紫竹院。

紫竹院的迎春花啊,你怎么不等我呢?而那个园子里,还有什么花又将陆续开放呢?

2017 年 2 月 28 日,星期二

一地繁华,迎春开无数

闭门作业,艳羡户外春光,诌词两阕,打油自娱:

鹊桥仙·闲情偶寄

拼词凑句,

消磨半晌,

今日闲情偶寄。

闭门陋室亦逍遥,

谁管它窗外何事?

一心一念,

一时一地，

淡墨薄宣秃笔。

总有光阴可蹉跎，

哪须问花开几季？

蝶恋花·烂漫花开

烂漫花开无尽处，

漫卷歌诗，

照见来时路。

四时轮回千百度，

目下春色美如故。

欢喜无意惹人妒，

一地繁华，

迎春开无数。

浮影流光何所住？

不如逍遥随风去。

2017 年 3 月 7 日，星期二

不问春风自抖擞

内感外应，再诌《鹊桥仙》：

鹊桥仙·无题

一管淡墨，

一支闲笔，

正是花开时候。

小桃初绽也旖旎，

不问春风自抖擞。

青山妩媚，

百花含笑,

已非绿肥红瘦。

颔首俯拾皆是诗,

抬眼已是惊蛰后。

2017年3月9日,星期四

我的园子,我的花

今天从工信部的事务中脱身正式回来上班,令我高兴的是,又可以见到紫竹院——我的园子了。几周未来,我迫不及待地想要看看这里的变化,看看我的那些花,那些草,那些树,看它们是否安好。

首先惦念的是玉兰,因为我从微信朋友圈中看到别处的玉兰已经开了,我想看看我的玉兰花是否也已如去年那般粲然绽放。我兴冲冲地直奔湖边的两棵玉兰树,想象着它们花开满树的样子和游人花下陶醉的神情……然而,远远地看到花还未开,与几周前相比,如果说有变化的话,就是毛茸茸的花苞里微微地露出了一丝淡紫的花瓣,要走近了仔细观察才能看得出来。

而东侧的几棵不同品种的高大白玉兰却是已经张开了口儿，挣出了花苞，长出了几个花瓣来。这时我笑了，原来它们都在等着我，不忍让我错过花期。

流连的片刻无意间抬眼，看到湛蓝的天空中有喜鹊展开了深蓝和白色相间的翅膀，以无比优美的姿态正从一棵树飞向另一棵树，而此时鸟儿们"啊啊啊啊"的传唱中也加入了别样的曲调，"啾啾啾啾啾，啾啾啾啾啾"，抑扬顿挫，柔和婉转，画眉，抑或迁徙而来的别的鸟类？循着这不绝于耳的音乐望向竹林和树丛深处，虽然看不到它们的影子，但我知道，它们是配合这个明媚的季节来参加欢乐盛会的，无论飞了多远，它们都会如期回来，从不错过。或者就如白居易诗中所言："先遣和风报消息，续教啼鸟说来由。"它们是专门来报春天的消息、诉说春天的来由的。

而我，刹那间也想起几年前的今天在这个园子里触景生情，即兴诌咏的打油诗《莫负春光》：

草色初青贪暖阳，
嘤嘤鸟语唤花香。
几时放任愿长醉，
莫教芳华负春光。

不同的时岁，一样的心情。

离开玉兰树,刚刚往前走了几步,突然一个熟悉的声音从远方传来:"咕咕——咕,咕咕——咕。"开始以为是布谷鸟,然而在这个园子待久了,即使是对鸟类没有多少常识的人也能从鸟的叫声里分辨出它们的区别来,尽管很多的时候只闻其声不见其影,但我很快听出来这不是布谷鸟,布谷鸟的歌声是不同音调的"咕咕咕咕——,咕咕咕咕——"小时候坐在姥姥家的小院里,听到布谷鸟的叫声,通常还会顽皮地跟上一句:"嘎咕嘎咕,面条浇醋。"眼下正在唱歌的鸟是什么呢?斑鸠?实际上,偶然地有那么一两次,在大树的梢头我是见过它们的,它们披着一身灰不溜秋的毛羽,一动不动地呆立在高高的树枝上,从肥肥胖胖的身躯里传递出颇富节奏的悠扬曲调,整个园子都听得到,而此时不知道它们在哪一棵大树上。

欣赏完这些美妙的"插曲",我继续往前,该去看看我的迎春花了。它是春天的使者,是这个园子里开得最早的花,每一年,都是它第一个从沉睡的冬天醒来,张开明亮的眼睛向人们报来春信,一朵,两朵,三朵,很快地,它的热情就感染了整个枝条,明亮的气息使邂逅它的人们陷入一片欢喜之中。确切地说,春天的记忆就是从迎春花开始的,它的那抹天然的明黄与人们心中的喜悦相合相契,让人过目难忘。果然,这些花都开了。虽然我知道早在几周前它们已经开了,我从同事的微信中已经看到了,但毕竟,这是这个春天我与它们的初次见面,那是久违的朋友,见到的一刻,内心积聚的是久别重逢的欢喜。

让我无法放下的，还有梅花。因为在我的记忆中，三月前后美人梅开放的季节，园子西边的湖旁就变成了一片花海，刹那间呈现给我们的，是如梦似幻的美。实际上除了这里，北边竹林环抱的一处安静小院里也有几棵梅花，与美人梅不是同一个品种，我忘了叫什么名字，开得一样绚烂。我在去找它们的路上，心中默念：千万不要已经开过。

啊，我想它们是听到了，当我走到它们面前，它们展示给我的是一个个可爱的小花苞，在阳光下伸着小脑袋，新奇地探视着，又像是等待着什么，待放而未放——我来得正好。

顺道儿，我当然还要去看看海棠花，那是我喜欢的花，脱俗而不清高，明丽而不张扬，绚烂而不落俗套。在园子的东边，我看到高大的西府海棠刚刚长出嫩绿微紫的小芽；在园子的北边，我看到灌木般的贴梗海棠结出一簇簇的暗红花蕾；在园子的西边，我远远地望了望另一种我叫不出名的海棠，树木的大小介于西府海棠和贴梗海棠之间，它的花朵在所有海棠中是最为稠密和绚烂的，引来蜜蜂"嗡嗡嗡"地飞来飞去。真是太好了，此时它还未及开放呢，我远远地送给它会心的微笑。

……

暂离紫竹院的这些日子，我天天闷在屋子里，做着与自然隔离的文明人的工作，通过互联网探听花开的消息。而我，还是要回来的，我要嗅一嗅花朵的气息，我的春天，就在这个园子里。

我知道，用不了多久，就要有一场盛大的花事了。

2017 年 3 月 13 日，星期一

心花怒放正当时

今天，我看到一只喜鹊飞入了它的家——建在高大杨树枝头的大鸟巢，由于冬天叶子全部落尽，而此时新叶即将长出还未长出来，它的家已经在这里裸露了好几个月，给光秃秃的树枝平添了温暖的想象。

这回我从莲桥绕到湖的北面，想去看看那里的景色。莲桥边的鸽子未像往常一样满地蹒跚地觅食，而是懒洋洋地待在树上，和竹林间此起彼落的麻雀一动一静，形成对比，倒也和谐有趣。从麻雀叽叽喳喳的吵闹声中跳跃而出的，是一声声空蒙渺远的"咕咕咕"。我真不明白，昨日的"咕咕——咕"怎么变成了今日的"咕咕咕"呢？难道是又一种"咕咕鸟"？即使同样的"咕咕咕",没有声调差别,听得出来平仄韵律亦有不同,这些变戏法的鸟儿们啊,我对你们的了解实在是太有限了,如果请来美国的约翰·伯勒斯,应该能够成为你们的知音吧,而此时,听着这梦幻般的"歌唱"——不,不如说是"絮叨"吧,我一头雾水。

呵呵,无所谓了,我的耳朵已经习惯了这个园子里的各种声音,每一种新鲜的曲调实际上都不足为奇,它们如背景音乐般在我们漫游于此的时刻贯穿始终。

湖的北面,是一丛丛更加灿烂的迎春花。相对于南岸,也许是背光的缘故,当对岸的花朵盛放过后,似要凋败的时候,这里的恰是心花怒放正当时,花瓣明显地比南岸的精神,繁复的花朵间伸出许多长长的花蕾,像探出的一个个小脑袋,看来它还要开一阵子呢。人类的成长不也是一样的情形吗?花期有早有晚,但只要将一颗种子栽植到泥土中,无论早晚,它都能够开出美丽的花朵来。

这真是一件神奇而美妙的事。

2017 年 3 月 14 日,星期二

不知细叶谁裁出

今天绕湖,看见岸边的垂柳发芽了,在阳光下闪着嫩绿的光,而气温好像并未升上去,出门时将羽绒服换成了棉服,此时隐隐地感觉还有些冷,脑子里瞬间冒出了贺知章的诗句:"不知细叶谁裁出,二月春风似剪刀。"

但我的诗情突然被眼前的景象打破了,迎面走来一位老兄,迈着昂扬的步子,唱着高调的老歌,手里拎着个塑料袋子,不知道装的豆浆还是点心(顺便说一下,莲桥边有一个点心铺,卖稻香村的各式糕点,有时也限量售卖现做的贴饼子,很是抢手),优哉游哉,一路地走来,一路地走去,旁若无人地陶醉在自己的情绪里。我忍不住想笑,但如此的"景观"在紫竹院亦不足为奇，就看马路上锻炼的人们吧，各式各样，就很开眼界，走两步退一步的，边走边拍边喊的，跑步、聊天的更是大有人在，所有的景观都被这个园子看在眼里，容在心里。来此聚会的人们也彼此包容接纳，亲和友善，自由从容。在这个意义上，这个园子是博大的。

今天我溜达到了紫御码头，看见画舫占满了河面，停放了满满几排，就等一声令下开船了。我站在桥上，看着如此壮观的景象正陷入遐想，只听旁边有人经过，一人问："开船了吗？"另一人答："听说颐和园的已经开了，赶明儿我坐一趟。"

长河是一条古老的水道，有上千年的历史，昔日皇家在往返颐和园的途中在此换船、歇脚，位于园子西面的福荫紫竹院和紫竹禅院就是他们的落脚处。

清乾隆年间紫竹院迎来了历史上最辉煌的时期，东跨院是明朝修建的"紫竹禅院"，乾隆十六年（1751年），为崇庆太后庆祝六十大寿，特在旁边修建行宫。《崇庆太后万寿庆典》图记录了当时的恢宏场面。清光绪九年（1883年）至光绪十一年（1885年），紫竹院经历了一次重建，重建后的紫竹院更名为"福荫紫竹院"，脱离了万寿寺有了独立编制。新建的报恩楼，是用于恭祝皇太后、皇上万寿无疆的。

据说，当年的慈禧太后喜欢自比观音菩萨，着观音菩萨装束，坐在紫竹禅院的太湖石上，或站在布景中。如今故宫博物院珍藏有一张照片，就是当年慈禧在紫竹禅院时拍摄的。游玩过后，慈禧便沿报恩楼后的青石台阶下至紫御湾乘坐小火轮去颐和园消夏。

乾隆十九年（1754年），对长河沿岸进行了一次大规模的整修，这样的整修大约每隔十年一次，贯穿了整个乾隆时期。

千百年过去，长河水依然一条活水流淌不息，等开船的日子到了，长河之上就能看到往来的船只和来自天南地北的中外游人了。有一年夏天我在紫竹院散步，忽然听到一个阿姨问："谁的英文好？帮他们看看他们要去哪，给他们指指道儿。"闻声回头，是一对外国情侣，手里攥着两张门票，不知何去何从。我英文没有那么好，但我愿意尽自己所能帮助他们，于是问他们需要什么帮助，男士打开门票，其实那不是门票，是张船票，我让他们跟我走，与其给他们指道儿，将他们指迷了路，也让自己被自己的英文绕晕，不如带他们去，顺便也溜达溜达。

一路上我有一搭没一搭地跟他们闲聊，知道他们从瑞典来，除了这张船票，女士还从包里掏出一本旅游手册，告诉我他们去了哪里哪里，顺便我也用蹩脚的英文跟他们做了推介，告诉他们可以去哪里哪里，聊着聊着，码头到了，我指给他们："就是那儿！"登船处有几个工作人员站那儿等候，于是我便跟他们分手说再见了。

过不了几日，这样游人如织的景象又将到来了。画舫上的游人在经过紫竹院的时候，也会投来一丝艳羡，瞥见一缕这里的春光了。

2017年3月15日，星期三

漫步，静心

由于要去中关村接女儿，下班我穿过紫竹院到国家图书馆坐地铁。

六点半以后天还没有黑，陡然间紫竹院呈现了一派往日没有的宁静，游人明显少了很多，偶尔有几个快走锻炼的人从我身边有说有笑地走过。这是人济山庄的居民，还是附近其他的住户？不得而知。上班族多数不会在这个时候光顾，而是匆匆地往家赶了。一个人走在安静的湖边小路上，有了一种静心的感觉，脚步不由自主地放慢，心情也与此时的园子渐渐并入同一个频段，空蒙辽远……没有了游人的湖水看上去空旷而开阔，结束了一天工作的我，身心是放松的，时间也宽裕，甚至产生了是否绕湖走一圈的想法。

　　路边的迎春花开得异常烂漫，再一次吸引了我的视线，拿手机拍了又拍，那热烈的黄色仿佛于任何时候都能勾起我内心的欢喜与热爱。

　　如此地漫步，就是一种享受。

2017 年 3 月 16 日，星期四

回归的欣喜

今日的莲桥边，围了几个年轻保安，探着脑袋，拿着手机，对着紫竹湖的水面拍照。出于好奇我也走过去想要一探究竟，结果发现五六只鸳鸯在戏水，将平静的湖面扑腾出一圈圈的涟漪。鸳鸯也是久违的朋友，在适宜的季节里它们曾是这里的常客，今天，不知道它们从哪里归来，但看得出掩抑不住回归的欣喜，有的跃入水中，有的岸边溜达，有的自在悠游，均是一幅欢快景象。

而旁边的鸽子也已不像在冬天缩作一团，一动不动，而是在大树下走来走去，往来的游人常将手里的食物撒在地上给它们喂食，如果是孩子，就更将此作为乐趣，不大的小人儿歪歪斜斜地走在鸽子中间,被它们左右围绕着,欢迎着,经过的人看在眼里,亦是一派温暖与和谐。

紫竹院,不仅是人的乐园,还是鸟和其他动物的乐园。

2017 年 3 月 17 日,星期五

俯仰天地，纵情高歌

这两天都在下雨，紫竹院看不到锻炼的人了，经过的人也不多，于是这个园子就有了平日看不到的宁静，雨点砸在湖面上斑斑点点，野鸭和鸳鸯也不知道哪里去了，我的脚步不由自主地慢了下来，看着氤氲在雾气中的树木花草，思绪在一片空旷的境界中蔓延开来，有了一种静心冥想的感觉。

平素的我们，被太多的嘈杂包围了，这样的宁静是难得的，是上天特意赐予我们静心沉思、安心品味的美好空间，雨中的迎春和连翘依然在湖边静静地开着，将紫竹湖的湖面衬托得愈加静美。

平时老人们打太极拳的那块地方此时空无一人，茂密的林木间却传来鸟儿的欢唱，似乎比平时更加活跃，我抬眼看了看，并没有看到它们的影子，但叽叽喳喳的叫声却不绝于耳，交头接耳中带着愉快的调子，在雨中，它们在交流什么呢？这是一个富有活力的园子，风雨中，依然显示出清而不寒、静而不寂的气质。

我绕过湖边的长廊，忽然听到对岸传来嘹亮的歌声，"我们都是一家人，相亲相爱的一家人……"循着歌声望去，只见对岸问月楼的水榭之上，亭子下面，站着一位激情澎湃的男歌手，在雨中，对着宽阔的湖水忘情高歌，我不知道彼时除了对岸的我，是否还有更多的听众，显然男歌手无暇顾及，他只管放歌，对着湖水，对着天地，对着风雨，对着大自然，那是一种怎样的尽兴与豪迈？！

而我没有想到，紫竹院，在特殊的季候和天气里，还能呈现如此特殊的表情，还能勾起人们如此难得的雅兴，给人们提供如此奢侈与浪漫的舞台。

再往前走几步，蓦然发现有人在伞下摆弄三脚架和他的"大炮"，小雨中他调整着焦距，将镜头对准了紫竹湖垂钓区的小桥和依依杨柳，而无人打扰的紫竹湖于此时也为他呈现出了平素难得的另一派风情……

2017 年 3 月 23 日，星期四

新叶微颔细如丝

今天周六,不上班,也未去紫竹院。翻开四年前今天的日记,赫然一首即兴打油诗:

新叶微颔细如丝,
悄然发生人未知。
忽见梨花开满树,
方知不是春来迟。

《梨花满树》,那亦是紫竹院今天的情景。

2017 年 3 月 25 日,星期六

一池春水，一树繁华

　　如今的紫竹湖，就是一池春水，染上了绿色的柳枝在风中尽情婀娜，时而轻拂水面，时而随风摇摆，撩拨出丝丝甜意，沿湖的垂柳倒映在水中，将湖水晕染出朦胧的意境，拍出照片，竟是一片泼墨的诗意。

　　正迷恋于倒影中这意外而奇特的效果，镜头里突然出现了两个悠游而来的影子，将水中绿色的倒影打破，随之一圈圈的涟漪向更大的范围晕染开来。原来是两只鸳鸯，它们是为凑趣而来吗？这不俨然是一幅天然的水墨画吗？那一刻的感觉超脱空灵，激动欢喜。

　　而前方的玉兰花已经是满树满枝，两相映衬，极富诗意。

随即配图发朋友圈：一池春水，一树繁华。

2017年3月27日，星期一

春日迟迟，卉木萋萋

进到这个园子，看到绿中带黄的山茱萸正恣意地绽放，旁边的碧桃结满了粉红色的花骨朵，小鸟比以往更加活泼地欢唱着，展翅飞在空中，或在枝头跳跃，刹那间仿佛看到了《诗经·小雅·出车》中的画面："春日迟迟，卉木萋萋。仓庚喈喈，采蘩祁祁。"突然想画画，想唱歌，时间变得感性而流动。我想将这美丽的春色定格，留住，想和花儿一起开放，想加入鸟儿的合唱……此时的紫竹院有声有色，春意盎然。

大自然真是一双神奇的手，不知何时兴来，大笔一挥，就将树木梢头全都染上了绿意，红的、紫的、粉的花朵也要竞相开放了。尤其今天是个好天气，在手机的镜头里将那些花朵对准蓝天，是清一色的简洁明丽，悦人眼目。今天，我没有理由不去更远的地方去逛一圈儿。

所有的花儿都没有辜负我，一路上向我展示着它们的娇媚，或乍放，或半开，或怒绽，脸上心上便都是微笑了。

漫步到竹林丛中、大树底下的那排长椅，我自然而然地坐了下来，阳光，树木，竹林，笛声，鸟儿的合唱，我要在此静心一刻钟……每到春暖花开，这似乎成了我上班前必修的功课。安静地待在一处，接受自然的馈赠与洗涤，保持身心的新鲜与健康，这难道不是上天的恩赐吗？一任阳光洒在身上，百鸟的合唱渐渐融入混沌，脑海空无一物，仿佛定格在了那一刻的光阴里……即使意识到时间到了，也常常不愿意离开——我们已经与大自然隔离得太久了，这些唾手可得的福利，被我们这些不知珍惜的现代人生生地舍弃而变得异常难得了——我们走进没有阳光、没有树林、没有花草的钢筋大楼里，我们指纹打卡或刷着脸，在被禁锢的笼子里做着一些不知所以、不知何谓的事情，我们，已闻不见花香与鸟语……

庆幸，我还有我的紫竹院。

一个朋友看了我的朋友圈建议我去颐和园看看，他说他更喜欢颐和园，我说："颐和园稍远，我这顺道儿。各有特色。就感情而论，我还是更爱这里。已不纯是自然景致，更多加入了人文情怀。"是啊，我在这里，已经待了十年，这里的每一草每一木，连同这里的每一个人，我都已是那么熟悉。即便如此，它依然以每天都不相同的姿态呈现给我，展示出它无穷无尽的美和魅力，给我的工作和生活增添了许多色彩。无疑这个园子已经潜入了我的生命，成为我生命和生活不可分割的一部分。

2017 年 3 月 29 日，星期三

少年不识愁滋味

如今,真是到了花开满园的时候了。

紫竹院进门的大草坪上新栽种了一大片小花,有白的,有黄的,样子有点像郁金香,但没有郁金香高,细长的大花苞上闪着亮亮的水珠,看上去也有点像鸢尾花,但比鸢尾矮小,贴紧了地面,大约十公分的样子——或许未来它还有很多成长的空间和余地吧?总之这是一种我叫不出名的小花,不日将给茵茵的草坪带来丰富的色彩。它们的出现,招引来如我一样的路人蹲下拍照。美,最是一种共通的感觉。

白玉兰花早些时日已经开放,如今更加恣意和绚烂了,紫玉兰也张开了口儿,半开或全开了,展露着娇媚而又不俗的气质，稍稍走近，一股浓郁的芬芳便扑鼻而来，那又是一番如梦似幻的情景。

而我今天路过此处是为了看望路边的紫丁香。前天下班时经过，不经意间看到紫竹湖北岸的丁香花也在开放，而那时，大部分的花还处于含苞待放的状态，于黄昏半暗的调子中隐隐约约，不甚起眼。时过两天，它们又有了一些什么变化吗？朝阳下的丁香花会不会依然忧郁？思想漫游的当儿，我想起大学时曾经涂抹的一首《无题》小诗：

我伫立在丁香的啜泣声中
看你在夜的面前
变幻着季节

你的小雨
淋湿了我的衣裳

似乎也是一片忧郁的氛围。但那时，还是一个"少年不识愁滋味，为赋新词强说愁"的年龄。小诗涂于一九九〇年，不觉二十八年过去了，门前的紫丁香随着校园的扩建也早已不在了吧？有一年回母校，窗外开着紫丁香的教室涂着"拆"的字样。这着实是件令人忧愁的事。

早上的紫丁香看上去的确精神了许多，开出的花朵也比前两日多了，小路上人来人往，有人看我对准紫色的小花拍照，对同伴说："丁香花不太好看，但是很香。"不好看吗？仔细观察，小花还是挺有味道的。

一路向前，意外地发现紫荆花也要开了，胭脂色的小花紧贴着光秃秃没有一片叶芽的树干，显得无所依托，然而，该绽放时，它还是会欣然绽放。

绕过这片景致，我想到对岸去拍梅花。

怀着急切的心情，直奔梅花而去。中途被紫竹禅院门前的两棵玉兰花吸引，刚拍上一张手机就没电了，心中顿感失望——我是来拍梅花的啊！一时心情灰灰，瞬间产生了调头回去的想法。然而转念一想，既然已经来了，没有转身离去之理，而且，没有手机，没有相机，我就无法欣赏梅花了吗？离开了手机和相机的欣赏不是更加纯粹、本真和专注吗？平素的我们，一度远离了多少的本我与本相而去舍本求末？想到这里，心情逐渐平静下来。彻底打消了拍照的念想，视线和心情自然而然地转移到花儿上，这片花树我原本以为全是美人梅，后来听精通植物的博友杨文磊说，美人梅要晚些才开花，这么说眼下即将开过的一两棵梅花应该不是美人梅了？另外一些花树长满了花苞，有两三朵、三五朵已然开放，想必这才是美人梅吧。还有一种梅花因挂了牌儿我知道是榆叶梅，枝杈上长着嫩嫩的绿叶儿，而几种梅花的区别似乎并不大，置身花海之中，给予人的一律是美的享受，刹那间我就陶醉其中、流连忘返了……

2017 年 3 月 30 日，星期四

待到山花烂漫时

我依然惦记着昨日的梅花,今天我手机的电量充足,一定要去拍梅花。

当我将一树繁花发朋友圈分享时,配了毛泽东的《卜算子·咏梅》词:

风雨送春归,
飞雪迎春到。
已是悬崖百丈冰,
犹有花枝俏。

俏也不争春，

只把春来报。

待到山花烂漫时，

她在丛中笑。

今天是我的生日，想想四十七年前的自己，也曾是一粒幸福的种子，生长于如此美妙的季节。而就在昨天，我还由衷发出：美和欢喜，就是生命的意义。春天无疑是适合我的季节，怎能无动于衷？待到山花烂漫时，她在丛中笑！

而今日的天气难得晴好，下午在办公室办了会儿公，偶然站起，看到前方窗外的紫竹湖，连同湖上的石桥清晰可见，一潭碧水，被绿树围绕着，安然自若地处在城市的楼群之中。定睛望去，甚至能看到湖对岸走着的人影。这真是一个美好的调剂。对面紫竹湖，背后是西山，背山面水，我时常窃喜，自己的办公室处于良好的风水之中。

当然，好风水是由人引起、跟着人转的，"我看青山多妩媚，料青山看我应如是。"人与风水，人与环境，你中有我，我中有你，彼此融合，彼此成就。

2017 年 3 月 31 日，星期五

生命如花，常开不谢

一

清明节就要到了，在紫竹院的微信公众号上意外地看到"王康聊植物"微信公众号与紫竹院公园管理处要共同举办赏花认植物的活动，"如果清明不下雨，那就不见不散。"这无疑是个吸引人的活动，可惜，清明节我要回山东老家，到爷爷奶奶和姥姥姥爷的墓前祭扫，无法跟紫竹院的竹类养护、日常引种工程师冯小虎以及北京植物园科普中心主任王康博士一起见识花草，了解竹类品种收集、栽培和欣赏的知识。

但我加了王康博士的微信，通过浏览王博士的微信，知道他是一个真心热爱植物并且颇受欢迎的专家，被小朋友们称为"王博博"。"王博博"还是一个摄影爱好者，他的朋友圈里充满了花花草草，都是他天南地北拍摄而来，有时附有专业的注脚，很是受益。

一开始我将王博士误认作紫竹院的工作人员了，跟王博士打过招呼之后，便急切地问他，紫竹院东北面那个小院儿里栽种的几棵梅花叫什么名字？过去树上曾挂过标牌，标明了它的名字，可是现在牌子摘了，我就忘记了。一时想不起来，曾发朋友圈询问大家，有说是榆叶梅，有说是朱砂梅，都有点儿像，但似乎又都不是，于是这个问题就搁置了。这回正好有机会，我将图片发过去，特意带上小院的背景，以为这样博士一下就可知道是哪几棵。博士回复得很及时，但他说太远，看不清楚，问我在哪里看到，我告诉他大致方位，说是一个小院。当时我在公交车上，马上就要到紫竹院了，见博士依然沉默，我说："我一会儿经过，再拍几张近的。"

进得紫竹院我就直奔小院儿，从院门开始拍，一直拍到梅花的特写，等我发过去，王博士立马回复：杏梅。对对对，这时我也想起来了，那时牌子上写的，就是杏梅。可是，如今怎么将它摘了呢？通过工作人员制作的标牌，我这个原本对植物一窍不通的人也认识了不少植物啊。谢过王博士之后，我告诉他紫竹院是我最爱的园子。同时，我将他公众号上的一篇介绍向日葵的文章《向日葵的数学之美》转发分享到朋友圈，并且附上一段文字：紫竹院之所以向我们展示了无穷无尽的美，原来是有王康老师这样的大博士和真心热爱植物的专家支撑着……从我们喜欢的向日葵里，你能看到深奥的数学之美吗？反正单看公式，我已经彻底晕菜了……感谢王康老师提供新角度、新思维。紫竹院哪天是否也引进几棵具有数学之美的向日葵呢？

而后来，再仔细看紫竹院公众号上王康老师的简介，发现他其实不是紫竹院的工作人员。但可以深信的是，紫竹院这个美丽的院子一定是有像王康老师这样懂植物、爱植物、爱生活的人支撑着。想到这里，我随手又申请加了紫竹院冯小虎工程师的微信，首先看到的，是他给自己的微信设置的竹子头像，以及下面的个性签名：水能性淡为吾友，竹解心虚即我师。是白居易的诗。不仅养竹、种竹还护竹，可见这位紫竹院的竹子工程师还深得竹的精神啊。

冯小虎工程师热情地欢迎我报名参加节日期间的赏花识植物活动，我却迫不及待地表达我的感受："冯老师好！天天路过紫竹院，最爱这个园子了，活动很有意义，但假期不在北京，可惜无法参加。谢谢你们的辛勤工作，给我们带来无穷无尽的美！"这是发自肺腑的声音，积蓄了许久，终于找到了倾诉和感激的对象。说完这些，我又热切地将在紫竹院拍的玉兰花、美人梅、贴梗海棠和连翘的一组照片发给他，跟他分享紫竹院的快乐，并对他说："这是昨天的紫竹院，希望以后有机会向您请教。"冯小虎工程师回复说:"感谢你的支持与厚爱,这是我们工作的最好动力。下次不要天天路过紫竹院啦,天天来紫竹院吧,多提宝贵意见。照片漂亮!"并且给了一个"笑脸儿"。"我每天上班穿过,还特意走上一圈,紫竹院天天有新意、天天有欢乐,非常好!正是有你们这些专家维护、奉献,心存感谢!""谢谢!我们还有很多不足,在你的鼓励下,继续努力!常来紫竹院哦。""嗯,天天去,很喜欢。"接着忍不住又发了一组紫竹院的精品图片,还有平日所涂、灵感来自紫竹院的国画小品——说来也巧,马上出版的两本新书,其中一本的封面正是我自己画的紫竹院的玉兰花,我即兴发给他,说这是紫竹院的玉兰花,冯工即刻来了一条信息:"耶!紫竹院的最佳游客!"

……

这个美誉,我真心喜欢。

没想到这个早上,充满了如此多的正能量!心中是欢喜又欢喜。

二

在筠石苑,我看到海棠花开、喜鹊筑巢了。

开花的是贴梗海棠,开在白墙灰瓦的古长廊前,伴着在此休憩的老人弹奏的乐曲声,弥漫着某种怀旧的情调。怀旧,但不失落，不怅惘。

我沿此向南，照例来到长椅上静心小憩，旁边的蔷薇还只长满了绿叶，背后的二月兰倒是开得茂盛。此时抬眼，不经意间看到了一只喜鹊远远地衔着一根干枝飞来，落在头顶一棵大杨树的巢穴里，万物滋长，大杨树很快就将是枝繁叶茂，它也的确该美化美化自己的家了。而此时的我抬头见喜，早已是心花怒放。

三

在前些时日，我真的不应该按捺不住，将零星开放的美人梅陆陆续续地拍摄并记录下来，因为今天才是美人梅的欢舞盛会。我实在没有想到，仅仅一夜之间它们就集体绽放了！以掩抑不住的热情铺天盖地招展着花枝，在蓝天的衬托下更加风姿绰约，妩媚动人，招引来众人观赏、拍照。绘画大师徐渭曾经在自己的梅花图上题诗：

从来不见梅花谱，
信手拈来自有神。
不信试看千万树，
东风吹着便成春。

大自然不更是一支神笔吗？

这时，我见一女子花丛中自拍自美，微笑着问用不用帮忙，女子不好意思地笑了："我拍着玩儿。""太漂亮了！""是的。"爱美之心，人皆有之，这是人们源自内心的共鸣。风姿绰约美人梅，花枝轻盈唤美人，这轻盈柔美之物仿佛将我们带入了桃花源，远离了世俗纷扰和烦恼忧愁，那一刻的情景如在画中，又若徜徉在电影的片段里，浪漫唯美，动心动情。

如此美好的时光，我们真的不能辜负。生命如花，常开不谢。

记得几日前，一个朋友看到我分享的紫竹院花开，感慨说：每一朵鲜花都经历了冬天。他说得没错。而我感触最深的却是：此起彼落，生生不息，繁华永续。冬天是一种蛰伏与积蓄。严冬的时日，花落的季节，花木所经历的或许并非痛苦、失意与彷徨（有些时候，那是文人、艺术家自我内在的影射与臆断），而是静定与欢喜，正如顺应自然、跟随天性的人类，感受到的，是深入的悦纳，内在的欢喜。最富感应的，还是奥修的那句话：生命是接连不断的庆祝，你就在你此时此地的荣耀中。一切，都是最好的安排，每时每刻，都让我们感受生命的花开……

而另一个远在温哥华的朋友，看到我朋友圈发的紫竹院的绚烂花开，则告诉我他想念北京了……和这位朋友认识，还是缘于去年深秋，那天，我们同时在紫竹院问月楼后的一大片红叶前拍照，我被眼前的美景震撼了，忍不住说："太美了！"旁边拍照的先生搭话："这不是最美的。"我不以为然又不无好奇，但目光并未从眼前的红叶上移开："哪还有最美的？""温哥华。"接着他打开手机，给我看被红叶包围了的他的家，的确，那是一个红叶的国度，整个画面都被渲染得火红而亮丽。他说他早在一二十年前就和夫人一起移民到了温哥华，他的夫人过去是某研究院的一位博士，他在图书馆工作，如今他来北京是为了照顾年老多病的母亲，而这期间，他就在隔壁的国家图书馆工作。之所以说隔壁，是国家图书馆就在紫竹院的北边，如果不是有一墙之隔，从紫竹院的小桥上过去就是图书馆了。这个承载着文化信息的机构，无疑是紫竹院的另一道风景，给这里平添一些文化气息。而到此漫游的人流之中，必定也有许多图书馆的工作人员——这位先生就是其中之一。

攀谈之中，他又聊起了加拿大的生活，以及加拿大与美国，温哥华与多伦多、蒙特利尔等其他城市乃至北京的不同，没有想到，拍照的工夫，竟然聊了许许多多……

是啊，在紫竹院，你不知道会以什么样的方式结识什么样的人。

而这里的人来人往中，又不知涵盖了多少个行业。紫竹院的北面还有一个邻居，就是北京舞蹈学院，出北门即是，站在紫竹湖边往北望去，能看到"北京舞蹈学院"醒目的牌子。某一年的春天，我走到紫竹湖的梅桥边，曾经遇见舞蹈学院教油画的教授，带领三五个学生对着湖心的小岛写生，我饶有兴味地驻足观看，看不同的学生对着同一片景致，画出不同的色彩与物像，看着教授一边指导一边鼓励，而我在一旁，试图获得一点意外的启悟。

另一年的初冬，我扣着衣帽走在筠石苑竹林间的通幽小径上，曾遇一位先生微笑着尾随而至："你冷吗？"接着便一路跟我聊天，出于礼貌我也有一搭没一搭地回应着，他告诉我他在附近一家咨询公司供职。绕了大半个湖，他也无意离开，直至我走出西南门，他略微踌躇了片刻，又尾随过来，问我："你明天中午还来吗？"我说不一定。然而不成想，后来我们又在紫竹院的其他地方遇到过好几次，每次他都一路跟来，虽无恶意，但我却感到仿佛丧失了自由。令我吃惊的是，有一天我在紫竹湖南面小山包上少有人去的一块空地的石凳上坐着，冷不丁地他就过来了，在我旁边坐下来，我有些不自在，心里却在思忖着：他怎么也会来这个地方呢？没待多会儿，寒暄两句，我说我到点儿该去上班了，就起身离开了。

那是昔日的记忆，也是今天的生活，紫竹院每天都在上演着新鲜的剧本，呈现着不同的内容。

又是一年花开季，置身其中，就是一种幸福。

四

中午我又去了一趟紫竹院，因为去国家图书馆看"青松风骨"书画展需穿过这里。

"青松风骨"书画展是中央国家机关书画家协会举办的展览，前段时间征集作品，工会负责此事的工作人员通知我参加，可我不擅长画松树，便推荐了报社的美编参与。后来我将此事告诉我的国画老师喻文军先生，喻老师说："你行！"哈，他总是鼓励我，总是说我行。他远在武汉，通过微信不厌其烦地启发我，建议我看看齐白石等名家画的松，也发来相应的作品，同时给我讲立意、讲构思，说着说着，他发来一段视频，原来他现场操刀，挥毫泼墨，已经画上了，用一段一段的视频给我做示范！这个举动实在让我惊呆了，亲爱的老师，我该拿什么感谢您？想起四年前跟喻老师学画的那些日子，他总是循循善诱，温文尔雅，无私奉献，毫不保留，掰开了、揉碎了地给我讲解和示范，指导我入门，在中国花鸟画研修院度过了一段无限美好的时光。然而，彼时初涉国画的我好奇而又任性，每一节课都请老师教我不同的内容，喻老师就随着我，松树我也只不过画过一次啊……喻老师在微信里给我讲授了大致的画法，我刚要动心的时候，有一个紧急的任务，无暇顾及此事，就放弃了。

　　书画展今天开幕，恰好又是在国家图书馆，离我很近，我去欣赏、学习。

　　从西南门进入紫竹院，我选择了与早上不同的路线，右转沿南侧向东。

　　在和煦的阳光下，与早上相比，此时的空气已经是暖烘烘的了。园子里的人似乎也比早上更多了一些，除周边不同机构里的上班族来此锻炼、快走外，坐着轮椅的体弱老人和满脸稚气的孩子，连小推车里的婴儿也出来晒太阳了，长廊之上，丁香丛中，弯弯绕绕，拉二胡的，唱单曲的，唱戏拍视频的，随处可见。"结庐在人境，而无车马喧"已非最高境界，车马喧嚣之外的紫竹院，从来不缺少市声市容，静中有动，动中有静，无论动静，皆自如自在，有的，是集大俗大雅于一身的大隐隐于市的气质与境界——来者不拒，悦纳所有。而到此雅集的人们也各行其是，各取所需，从风声雨声和花鸟呢喃之中获得不尽相同的感悟。

迎春开过，此时的藤蔓上尚留着零星的花朵，然而，你方唱罢我登场，听完序曲，春天的大幕才刚刚拉开，对面的紫荆比昨日更加艳丽饱满了，旁边的紫藤貌似还无动静，但已然是蓄势待发，还有牡丹、芍药，绿中带红的叶子一日日地疯长，进入了四月，它的花期也已是指日可待了。

而眼下，梅花丛中，我看到有蝴蝶在翩翩起舞，它们从这簇花飞向那簇花，以此表达自己愉快的心情，以自己的美丽，给这个园子增加声色，被书画家看在眼里，就是一幅灵动的花鸟画。

走到东门附近的大草坪，我特意往南绕，抄平时不常去的一条小道儿——其实我也是远远地被那里大片的连翘吸引，当真的走过去，发现这里原来是一条两旁被明亮的黄色连翘花连起来的花道，小花开得热闹，而这里却因人少而相对安静，漫步其间，心情无比舒畅，脚步不由得放慢，放慢……

穿过紫竹院，图书馆的画展正在展出。同事的作品也被展了出来。也许是主题局限，也许是缺少宣传，观展的人并不多，展室里空空荡荡——这对于展览本身或许并非好事，但对于观展者却是难得。而就在此时，听到一人打电话："主要是看开幕式，这个展览规格就是高啊……""主要是看开幕式"被他强调了很多遍，没有参加开幕式看来是他最大的遗憾。我却表示怀疑：这位先生到底是来看展呢，还是来看人呢？没有一颗纯粹的心，不仅无法从事艺术，恐怕也很难静下心来虔诚地欣赏艺术。世间究竟有多少人假艺术之名，或沽名钓誉，或攀附权势，或另有所图呢？

不干我事，不去管它。

而我看展，亦是借鉴。人，要有从万物中受益的能力。

展厅出来，不能不拐到旁边的书店——那也是一间我偶然发现、不时光顾的书店，以卖扫尾书为主。这是有一天光顾，和店员聊天得知的。虽说"扫尾"，却常常是名家名著，格调不俗——这个世界就是这样，"雅"的不一定好卖，"俗"的有时候却大行其道。但是，有思想、有眼光的读者还是会自觉地避开热闹，远离风潮，保持独特的辨别力。他们知道，丹纳所说是正确的：时髦风尚是最为浮浅的东西，有着短命的特征，流行的艺术将随着流行的消失而消失。他们追寻的，是经得起时间的东西。在这里，我曾经买过钱理群先生《活着的理由》，买过中国青年出版社出版的一套《凌叔华自述自画》《苏雪林自述自画》《陆小曼自述自画》，买过商务印书馆的《薄伽梵歌》，买过周国平先生的《街头的自语》《朝圣的心路》《经典的理由》。

这一次，我没有买，但在那里浸淫多时，方才离去——没有买，是因为没有遇到一本急切的、非买不可的书。然而，当翻开茅盾先生的《速写与随笔》，那一页呈现的却是《在公园里》："趁今天暖和，我也到公园里去赶热闹……今天这公园变成'大世界'去了！各式各样的人们，不同的年龄，不同的阶级层，不同的国籍，布满了这公园的最僻静的角落。"

合上书本，我也要再次穿过公园，穿过紫竹院了。

梅桥边，人流中，我看到一个着运动装的金发女郎迎面跑过，天晴日暖之中，急促地呼吸着新鲜的空气，彼时仿佛再现了茅盾书中"大世界"的景象……

妙哉，今日。这午间的一个多小时，堪称是一个简短的自然、文化之旅了。内心除了愉悦，还有满足。

2017 年 4 月 1 日，星期六

天真好奇，常变常新

  放假了，一早写了关于紫竹院的小文，心情异常愉快。这又是一个令人兴奋的创意。生活每天都有创意，都有创造，突如其来，却又自然而然，每一天每一时都是新的，正如紫竹院一年四季常变常新，在同一个园子演变着不同的节奏，给人无尽的美和新鲜感。观赏园林，也要看是否有天真好奇、常变常新、衷心热爱的心灵。生活就在那儿，含蓄着千万种情状等待着我们，但看我们如何去感受，去发掘，去感知。

  热爱花草、熟悉植物、被我称为"植物通"的博友——河南南阳的杨文磊在沿大运河骑行，从南阳到宁波再到北京，将运河的走向作为一条轴线，来感受沿途的地理、人文与物候，跟随季节的脚步，感受春暖，见到花开。这无疑是一场收获满满的有意义、有格调、有情怀、有情趣的旅行。不以骑行为目的，而以生活为主旨，或急或缓，全然由心，融入自然草木，袒露自然本心，汲取天地精华，接受万物滋养，做人至此，亦当快哉！

生活是用来热爱的，这无疑是个富有情趣的壮举。而我，不离开办公室，也可以云游四野，想到这里，内心也是一片欢喜。

而等杨文磊骑行至北京时，恐怕亦少不了要光顾紫竹院，因为流经这里、穿园而过的长河水和紫竹湖原本与运河有着不可切分的渊源。长河，古时称高粱河，公元3世纪以前，紫竹湖是高粱河的上源。元代水利学家郭守敬在高粱河上游修人工运河（通惠河）时曾在这里建广源闸，紫竹院成了一个蓄水库，是北京城的重要水源之一，并有英宗、文宗二帝游幸至此，藏舟换船。清代皇室在这里修建行宫，成为帝、后由水路去西郊休息换船之所。

今天，它是我静心、畅游的圣地。

2017年4月2日，星期日

一片春心付海棠

一

"草色青青柳色黄，桃花历乱李花香。"清明过后，桃花开过，新芽又发，这个园子处处明丽，呈现一派清新的绿。门口的槐树，园内的杨柳，绿中带黄，经昨日的小雨冲刷过后，淡彩变浓妆，一夜之间变了模样，远远观去，层次愈加丰富，色彩愈加浓郁，意韵愈加悠长。而此时的气温也已逐日升高，全然不见了昔日的寒意，园子里的人也越发地多了起来，有的散步慢跑，有的花下健身，四面环顾，均生机盎然。

而颇令我意外的是，三日前才刚刚吐出花苞、露出一点红意的西府海棠陡然间全开了,像是带着微笑在静静地等着我来,相逢相遇的刹那尽是欢喜。唐寅有诗《题海棠美人》:"褪尽东风满面妆,可怜蝶粉与蜂狂。自今意思和谁说,一片春心付海棠。"苏轼有诗《海棠》:"东风袅袅泛崇光,香雾空蒙月转廊。只恐夜深花睡去,故烧高烛照红妆。"白中透粉的雅致小花团团簇簇地欣然绽放,绚烂而不张扬,明丽而不浮夸,和别的花草一起娓娓讲述着春天的故事……被眼下的海棠吸引,我决定回头去往另一条路线,去看看牡丹园里的几株海棠花是否也已粲然绽放。

同一个品种的海棠花自然有着相同的花期。虽然紫竹院北面的两株贴梗海棠在清明节前就已经开出了红色的花朵,但东门的西府海棠才刚刚露出花苞,紫竹湖西侧的另一种海棠却还未有一点动静,然而此时,牡丹园里的八九棵西府海棠正花枝招展地竞相盛开,几株花木连在一起,甚是好看,将春天衬托得妩媚妖娆,柔媚的枝条伸展到小路上,经过的游人无不将镜头对准了拍照……鲍尔吉·原野说,花只有一种表情:笑。对着花的笑脸,你回应它的也只有一种表情:笑——满心欢喜的笑。

有朋友说海棠花的花语是:温和、美丽、快乐,跟随光明的指引。我喜欢这个说辞,对照眼下的海棠花,形象又贴切。

再看树下的牡丹,从繁茂的枝叶间高高挑起的花苞已露出微微的胭脂红,待海棠开过,用不了几日又将迎来牡丹的花期了。而紫藤、锦带、蔷薇，还在后面列队静候，蓄势待发，像筹备一场盛大的花事——四五月间，一场场的花开还将接踵而至。你方唱罢我登场，紫竹院永不寂寞。紫竹院的春天尤其如此。

浮尘扫落百花开，

不闻风雨自开怀。

春光占尽若无事，

轻绽喜迎燕归来。

看完了海棠花，我还是又绕回了既定路线，经莲桥沿长河向北、向西，一路饱览。这里亦是惊喜不断，长河边红的、粉的、白的碧桃经历了一个清明节突然间也全部开放了。长河两岸，紫竹湖边，色彩缤纷，一步一景。人们走在湖河中间的小路上，如在画中，树木人影倒映在碧绿的水面，美妙空灵，美轮美奂。

绕湖继续向西，经过了那棵刚刚盛开的紫玉兰，又到那片梅花林，满地落红，花枝烂漫，仿佛误入了桃花源。当我将这片"桃花源"发至朋友圈时，一武汉的朋友说这是樱花，他笑我错把樱花当梅花，还说"北人不识梅，南人不识杏"。可这回我有把握，经过了紫竹院的多年"教育"，我已不是普通的北人，亦能识得几种梅花了，呵呵。虽然梅花品种众多，单紫竹院就有腊梅、杏梅、美人梅、榆叶梅和叫不出名字的梅花，我常常混淆，但梅花与樱花，我还是能够分辨得清楚。我告诉他这是美人梅,不是樱花,樱花比梅花高大,花却比梅花小,颜色亦比美人梅白。而眼下,榆叶梅正开,美人梅即将开过,杏梅已然凋败。

其实,无论是梅花还是樱花,想必都有无数个品种,到了植物学家那里,他会给我们展示出千姿百态的新品种,颠覆我们现有的一点点可怜的"知识",让我们大开眼界。而此次,我之所以如此肯定,是因为眼前的花木上就挂着"美人梅"的标牌,我也只是按照植物专家的教导照本宣科而已。即便如此,内心还是浮现出一点点成就感和小得意。借助于这个园子,我乐得更深一点地了解并介入大自然。

园子西面的西府海棠也在开花,花下有人放着音乐做操,神清气爽,处处芬芳,我也不由得深呼吸。

西府海棠的后面,往西,有一棵我最爱的海棠树,那是紫竹院最明丽的一棵海棠树——虽然在所有的海棠中它花开得最晚,但花开时节,唯有它开得最为亮丽、最为绚烂,淡定沉着,却又恣意奔放,毫无遮拦。前些天来时,它还无意开放,今天路过远远望去,淡赭的树木已着了些许暗红。我饶有兴致地走到近前,看到每一根枝条上都结满了深红色花苞,有的拘谨含蓄,有的微微待放,个别的一两朵张开小口儿,露出几丝嫩黄的花蕊……站在树前,已经可以想见,开花时节,将是多么壮观的一个场面!不日花开,我会再来!

然而走出了园子,便将一切的热闹,无论繁华清冷,无论花落花开，无论草木荣枯都抛在了脑后。那是一番新的感悟：荣枯兴衰皆为一瞬，花开水流只在一念，不停留亦不回首，且行且歌。

二

下班接女儿，又路过紫竹院，由于离晚上8点女儿下课的时间还早，所以，我选择早上没有走过的路线慢慢悠悠地走着，得以安然地品味沿途风景。

此时紫竹院的节奏好像也自然而然地慢了下来。路上走着的人们一个个闲闲散散，不急不躁，花下的长椅上有人坐着聊天，湖边的石头上有人坐着看水，丁香花旁的长廊里有人唱卡拉OK，偶然发现长廊的后面沿石阶下去，湖边有一条小道儿，不曾走过，趁机顺道走了下去。站在石头铺就的湖边小路和木栈道上，看到莲桥横在远处，少了白日的喧嚣，此时变得静谧安然。两三个画舫也停泊在码头边了，一派安闲，水面上只有两只鸳鸯在自由地戏水，天上偶有小鸟飞过，叽叽喳喳的歌唱依然不绝于耳，动听怡人。

沿石头小路西行，看到脚下有石雕，刻有莲花荷叶图及诗句：藕丝牵作缕，莲叶捧成杯。再往前走几步，又见兰草荷花图：秀色粉绝世，馨香谁为传？坐看飞霜满，凋此红芳年。再走，又见翠竹荷叶图：荷风送香气，竹露清清响。还有荷花蜻蜓图：露荷翻处水流萤，萧萧散发到天明。真是一步一景，一步一诗，诗情画意。古人的这些优美诗句移至这里是再恰当不过的，每逢夏天，荷花开时，满园清幽，不输诗赋。诗人而外，还引来成群的摄影爱好者，长枪短炮，围观此处，成为一景。眼下荷花还看不出端倪，湖边的水草却长得茂盛。以前曾听热爱植物的朋友说，紫竹院有荇菜，我搜来想去，所谓的荇菜应该就是眼下直立的水草，似兰而非兰，却有着兰草的气质。在紫竹湖西畔和筠石苑的小溪旁我都见过此草，在合适的季候与机缘里会开出黄色的耀目的花朵，难道它就是《诗经》中的荇菜，穿越千年又来到了我们身边吗？

关关雎鸠，在河之洲。窈窕淑女，君子好逑。
参差荇菜，左右流之。窈窕淑女，寤寐求之。
求之不得，寤寐思服。悠哉悠哉，辗转反侧。
参差荇菜，左右采之。窈窕淑女，琴瑟友之。
参差荇菜，左右芼之。窈窕淑女，钟鼓乐之。

不仅仅是荇菜，千古的真挚情爱也还活在世人的心中。就是在这个园子里，每天也不缺少爱情的絮语，难以理解的是，在北京的情人中怎么会流传着这么一句顺口溜：要想散，紫竹院；要想成，陶然亭。想必这只是为了押韵即兴所诌的一句戏言吧。我想事实是：要想散，哪都散；要想成，哪都成。祝有情人终成眷属。

　　浸淫片刻，我继续前行，在盛开的海棠花和苍翠的大树围成的一块空地上，看到有人拿着麦克风在唱歌。劳作了一天的人们此时格外放松，闲散地坐在长椅或者花木的栏杆上，再也不想白天的繁务了，专心地听女歌手演唱，不时地也有孩子跑来跳去，或者游人在此经过，驻足片刻，继续他们的漫步。我也停了下来，听女歌手饱含深情地唱了一曲《好人一生平安》，又唱了一曲《悠悠岁月》：悠悠岁月，欲说当年好困惑，亦真亦幻难取舍，悲欢离合都曾经有过，这样执着究竟是为什么？漫漫人生路，上下求索，心中渴望真诚的生活……听完，我到不远处另一个参天大树围成的小空地上找到一个椅子坐下来，还有时间，决定在这里小憩，静心片刻。

　　举目四望，枝繁叶茂，树木环抱间，时间仿佛静止了，身心卸下了所有的负担，脑子也不再转了，用超然的思绪看眼前的儿童追逐，看飞鸟在树木间翻飞，真是一天中不可多得的好时光。

　　黄昏的紫竹院，静谧、舒缓、欢乐、祥和、安心安然，如果不是在这里，此时我应是在高楼大厦里读书等候女儿下课，读书虽然也是极好的消遣，但春天不是读书季，因为自然的感召无法抗拒，不可辜负，有缘接受天地万物的滋养，为何还要回到钢铁的牢笼呢？

　　往东门看去，仍然有人不断地进来，想必是吃过了晚饭进来遛弯儿吧，这个园子给热爱它的每一个人提供福利。东门口跳舞的人群又热闹起来，伴着音乐翩翩起舞，给我带来由衷的喜悦，彼时彼景我都会有种想加入的冲动。说起这个，想到有段时间我还真的加入了他们的队伍，那是跳操健身的队伍，在东门对面大草坪北侧的银杏树下。带头的是一位身材健美、精力充沛的大姐，不知道她以前是做什么的，她教大家跳操的动作十分标准，给人无尽的美感，每次路过我都心动，站那看上半天，直到有一天我真的加入了他们的行列，在后面跟着他们一起学，一起跳。那是一套从头到脚都得到锻炼的操，头部，颈椎，腰，腿，手指，脚踝，全都活动一遍，不仅适合退休的老头儿老太太，对上班族也十分有益，所以，不管别人说那是不是"大妈舞"，我都坚持去跳，还交了20块钱，算是正式加入了"组织"。虽然只能活动半个小时，但半个小时下来却是心情愉快，浑身轻松。这个自发的小团体每周一、三、五早上7点多钟准时到这，有时参加比赛，会有挑选出来的选手早到练习，有一次，领操的大姐还张罗大家参与挑战世界吉尼斯纪录的活动。总之其乐无穷。

可是不知道为什么，今年开春没再见到"组织"，不知他们是搬至了别处，还是有了什么其他变化，每次经过，都会想起并怀念。而今天，迈出园门，发现门口大槐树下又有一队人马，男男女女大概八九个人，伴着独特的音乐在跳恰恰和拉丁舞，活泼热辣，气质超脱。这里也有好多人围观欣赏，包括我。

如果不是到了该接女儿的时间了，我真想就这样一直看下去，看下去……

  没想到我今天这么有收获。这个园子，四季不同，天天不同，早晚原来亦不同，我真是难得并乐见这里的黄昏美景。

2017 年 4 月 5 日，星期三

任时光流淌

今天去磁器口开会,中午 11 点左右从地铁站出来经过紫竹院,时间相对充裕,我想要去湖的北面小土山上那片林间空地读书,那里阳光斑驳,古树环抱,还有喜鹊觅食其间,是我过去中午常去的静心好去处。

天气和暖,沿途看到紫竹湖上的游船已开始营业,有不少人泛舟湖上,往来穿梭,给明净的湖面平添了不少生气。湖边澄碧轩挂着"柳荫怡情"牌匾的长廊内侧和茶馆外面长满花草的庭院里,桌椅也不再空空荡荡,已能看到有人聊天品茗,三三两两,安闲自在,他们的目光时而停留在对面朋友的脸上,时而移向远处,展开春天的想象,于茶的芬芳里拓展出诗意的空间。

走到小土坡前,沿阶而上,听到竹林旁的亭子里有人唱戏,再往前走,看到我的那片空地儿也被人"占领"了,八九个人围成一圈又唱又跳,说舞蹈不是舞蹈,说唱歌也不是唱歌,但念念有词,欢乐无比,最后喊出的口号竟然是:我是二百五,天天乐呵呵。相互之间还拍手造势,接下来是一阵哈哈哈。

雅俗共赏,雅俗共存,紫竹院就是这么一个包容的好地方。

我没有打扰他们,也不想坐在那里被他们打扰。几乎是在同时,我看到北面再下几级台阶就有两个石凳是空着的,于是走过去坐下,一切的喧嚣就不在脑中了。眼前有一人在拉二胡,另一人咿呀地唱和,这是紫竹院常见的景致。对我来说,之所以这是一个幽静的好地方,是几乎看不到熟悉的人从这里经过,他们一般都有自己既定的赏园路线,而很少有人像我一样,仅仅是过来静坐。

我从包里掏出随身带的《杜尚访谈录》,翻开的那一页标题恰好是"我喜欢呼吸甚于喜欢工作",谁说不是呢?我随即在书页上写下一段即兴的文字:迷恋于这一刻的时光,紫竹湖畔,丛林之中。而杜尚的性情,与自己,与这自由清新的氛围又是那么相合相契,也许这是天意?而杜尚先生视生活为艺术,以至于如我一样,乐享当下好时光。

读一本意趣相投的书是愉快的。而于蓝天之下、丛林之中读一本意趣相投的书更是格外愉快。紫竹院的花草树木,曾伴我度过多少静心阅读的好时光啊！2015年的某一天，在读陈子善、蔡翔主编的《园》时，我联想到紫竹院，曾写下这样一段心得：

这美好的景象让我联想到紫竹院公园，让我爱上园林、草木也是从紫竹院公园开始。紫竹院在我单位附近，每天我坐在办公室里就能看到公园里的湖水和苍翠的树木，而真正爱上它，还是近几年的事，大概从学习花鸟画开始，对于花草、园林才多了一份特别的关注。我每天早上穿过紫竹院公园去上班，感受那里清新的气息，看花朵盛开，看老人晨练，看鸟在天空中飞翔，听布谷鸟悠扬地传唱，午饭后也常到紫竹院散步，在竹林深处的幽静小路或山坡上的苍松翠柏间静心独处，安然冥想，久而久之，对公园怀有了深厚的感情，对那里的一草一木、四季更迭都已十分熟悉。

紫竹院除了一年四季竹影婆娑，园内还有湖，有河，有亭台楼阁，有小桥流水，南面的紫竹湖湖水占了将近一半的面积，开阔明朗，北面的竹林小径通幽，安静清凉，园林集北方的大气与南方的秀美于一身，设计精巧，却又仿若天成，不露痕迹。林内百鸟欢歌，时而还有吹箫人传出婉转的心曲，更给园林增添了韵味。长河水承载着历史和昔日皇家的荣光于园内蜿蜒穿越，不息流淌，给人以无限的遐想……

如今，每天早上穿过紫竹院公园去上班已成为我一天当中最幸福的事，在这园子里，每天都有新奇和惊喜的事情发生。当春天来临，迎春开出第一朵小花，以后的每一天便都开始期待着，碧桃、美人梅、海棠、丁香、紫荆、锦带、牡丹、蔷薇的陆续开放，你方唱罢我登场，很是热闹，驻足花前，沉醉其间，常常不忍离去，想倾尽了全力去留住那美好的时刻和美好的瞬间，让时光永存。有时候在公园里，还常碰到花鸟画大家徐湛教授和夫人，我一边散步一边向他请教中国画的问题。随着花鸟画学习的深入，我对花草的感情也在日益加深，过去叫不出名字的，现在已经能够叫出名字，像锦带、紫荆、海棠、美人梅等。而心灵与草木沟通的刹那，更是让心灵变得愈加地纯粹和纯净，行走在草木间，身心融入的瞬间，内心充满了欢喜。走在园中的小路上，常常会看到喜鹊在竹林间蹦蹦跳跳，这园子处处呈现的都是欢乐美好的景象。有一天，我忍不住将于我眼前晃动的喜鹊拍下来发在了微信里并留言说：没有哪一个公园被我理解得像紫竹院一样深刻。我越来越爱这个园子了。这是由衷的话语。而关于这个园子，几年的浸泡，已远非几句话能够言尽……

几年前的今天，读沈胜衣的《行旅花木》，那时也曾记下有关紫竹院的文字：

然而春天，的确是一场盛大的欢喜。从迎春冲破寒冬报来春信，到此时海棠、丁香、碧桃、紫荆粲然绽放，照耀着紫竹院乃至整个都市，身在其中的我们每一天都沉浸于无边的欢喜中。而这书，仿若欢喜之中伸展过来的一枝新的花束，更是给心头平添了一份喜悦。是的，"能有好花在身旁的时候，好好去欣赏吧"。

很感激我出生在这无限明媚的、初生般美好的季节，走在繁茂的花丛和葳蕤的草木间，听着布谷鸟悠扬的歌唱，恍惚间常有物我两忘的感觉——这欢乐明快的调子和生机勃勃的气场显然是适合我的，生命中本就有着许多莫名的联系。陶醉其间，有时会想象自己幻化成一棵树、一枝花，在阳光的照射下从容地生长，安静地感知，感受生命内在的律动与欢喜——有空气，有阳光，植物般顺应时序地生长，难道不就是一种幸福吗？这些草木，这些花朵，或孕育，或收储，或萌发，或开放，安静从容，明媚娴雅，开落有致，无论寒冬酷暑，各有姿容，悠然自在。而当春日来临，无法掩抑的内在能量重被激起，骤然释放，刹那间融会成春天美妙的合唱。年年岁岁，岁岁年年，它们顺应自然，生生不息，而又自适自足，从容淡定……

让我们也慢下脚步吧，无须奔跑，无须追逐，生命本身就是一场欢喜和庆祝，就是一场盛开与绽放。在此时，在此地，在这一尘不染的瞬间，让我们聆听花开的声音……

过去的某一个早晨，阳光于丛林中照射过来，我还曾经坐在小径的石阶上安静地阅读塞内加的《论生命之短暂》。这个古罗马人在千年之隔的年代里亦是那么地通透，参透时空，直抵生命的本质，感受觉知的快乐。

就让时光如此流淌吧，化入混沌与虚空，让重要的都不再重要。

2017 年 4 月 6 日，星期四

重返，融入

今天进得紫竹院，刚往里走一点，就听到银杏树下传来乐曲声，哈！我的健身操队（还是不用"大妈舞"了吧？其实，我还是挺喜欢"大妈舞"这个称呼的）又回来了！熟悉的队列熟悉的人，我不由分说加入了她们的队伍。

今天领操的不是过去的那位大姐，而是一位更年轻些、以前也常在"组织"里张罗的女士，我们称她为副领操吧，她身材苗条，动作优美。我站在她的后面，好更清楚地看清她的动作，毕竟我已有好久没有来了。

起先跳的不是过去那套操，是一个柔和的舞蹈，跳什么均无妨，我热情不减，跟在身后学习。但这个舞跳完之后，熟悉的音乐响起，熟悉的健身操开始了——原来什么也没变，舞蹈只是序曲。而此时我已不用将眼睛紧盯着领操的女士了，这套操我已经太过熟悉了，过去的一两年我每次路过都会跳至少半小时。

而今天，因为多日未来却是无比的新奇，抬头看天，是参天的树木呈现的一派葱茏；四周环顾，是银杏、海棠、水杉、碧桃和大草坪上叫不出名的小花，在转动脖颈扭动腰身的同时，忍不住一次次对着树木花草深呼吸，有意汲取天地万物之精华——再没有比这更开心的了。花喜鹊不仅在周边的枝杈间跳来跳去，还目中无人地展开大翅膀从人的头顶掠过，这里的景致对它来说或许也已太过熟悉，不足为奇，不足为惧了——而这，才是真正良好的生态——人的重返与融入，是一种难得的欢喜。

通过各种动作的重复锻炼，我想，这次我的胳膊腿儿是活动开了，多日不参加此类活动，虽然到最后胳膊有些酸，但身心却是一种舒爽的感觉。生命在于运动，有了这个开头，我知道一天的精力都会处于充沛的状态。而这，是多么好。

紫竹院，总是将它好的一切馈赠给我。

就在昨天，我还在念叨，我的"组织"怎么不见了？今天它就出现了！这，就是心想事成吧？只是，那个领操的姐姐哪儿去了呢？

2017 年 4 月 7 日，星期五

丁香花开，紫荆不让

又到了跳"大妈舞"的时间。可是等我走到银杏树下，却看到有一拨人在有组织地跳扇子舞，队列整齐，精神饱满，似乎不是健身操的那拨人。

走近一看，领舞的原来是领健身操的大姐！嘿，还是同一拨人。我走近队伍中的一人，问：今天还有健身操吗？说有。于是我就在银杏树下坐下来，一边看他们排练，一边耐心地等待。

这个健身操队在大姐的带领下经常组织一些活动，看来最近又有演出了。这些排练的人通常是自愿参加或是大姐从健身操队里挑选出来的。

扇子舞跳完，一段欢快的舞蹈热场，然后熟悉的音乐响起，大家精神抖擞，置身花草树木、鸟语花香之中，跟它们一起呼吸吐纳，交流互换，让大自然的能量在体内循环，那实在是一种美妙的感觉。花喜鹊不时地掠过头顶，径自飞落到眼前布满了海棠花瓣的草地上，定神看了几秒旁边的人们跳操，又埋头于落英之中啄来啄去，最后衔了一块什么，忽地又飞向近处水杉树的高枝上。不多会儿又来了一只。几只鸟儿的光临，使这块儿地方充满了生机。

上个周五来此锻炼，长时间不活动，一下子将周身活动个遍，导致今日胳膊和腿有些酸疼，但感觉却是非常好。生命在于运动，如果日日坚持，一定能有收效。尤其像我这样的上班族，这个操非常适合，单就活动颈椎一项，就像是为常坐办公室的人量身定做，因此一两年来我从这个"组织"里深深获益。

有时候见不到"组织"，我就自己躲到小山包或小树林中按照默记的动作自觉锻炼，但是效果不好，没有音乐，没有氛围，也没有领操的大姐，做到最后，敷衍了事，意兴阑珊。在操队里就不一样了，大家跟着操的音乐和节奏，想偷懒都不行，而且看看周边，"大妈"都精神抖擞，将全套操轻松做下来，也会不断地受到激励。

重要的，是在这个时刻什么都不想，看天，看树，看花，看小鸟展翅飞过，获得片刻的静心，而与此同时，身体也得到了锻炼，何乐而不为呢？所以，今天年轻的"副领操"来收"会员费"的时候，我又交了20元。

沿紫竹院最南面的小路向西，当走到右侧小土山时，突然看到密林丛中，小山包上一片绯红的花海，好几棵不高不矮的树木连在一起，花枝招展，繁密的花朵一丛丛一簇簇粲然绽放，深处的花枝缀满了花苞，一眼望不到底。我不由得走进花丛，在此流连。这些突如其来的花儿的确给我带来了无限欣喜。当我将这些花拍下来发朋友圈，问这是什么花时，谙熟植物的朋友告诉我是"北美海棠"。哈，原来又是海棠花啊！不成想在紫竹院，海棠还有如此多的种类。

而对面的丁香、紫荆都开得正盛，脑子里瞬间出现了这样的句子："丁香花开，紫荆不让，对面一簇桃红……"这些花儿在道路两旁延展开来，给往来穿行的人们留下春天无尽的美好回忆。

2017年4月10日，星期一

有花堪折直须折

今天，在长河的桥上，我又看见喂流浪猫的大妈了！这让我很惊喜，因为有好久没有见到她了，这些天心里隐隐地还有些担心，虽然不知道在担心什么。

此时内心有一种冲动想要跟她说点什么，于是慢慢地走在她的后面随她往东走，一直走到最东边，那也是过去她常去的地方。刚拐入一小片竹林，就看见一只黑色的猫咪出来迎接她，就像孩子看到了自己的妈妈似的，接着另一只黑色的猫咪也出来了，跟着大妈。大妈将拉杆包放下，不急不躁地从里面拿出两盘猫粮，两只猫咪默不作声，同时乖乖地吃了起来。大妈又从包里取了一些水倒在另一个盘子里，一边看它们吃，一边从包里又摸索摸索别的,然后停下来,往四周望了望,我说:"大妈,好久没看到您来了。"大妈迟疑了一会儿,说:"我天天来。""噢?"大妈不说话,蹲下来又往盘子里撒些猫粮……看来大妈不爱说话,那我就不打扰她和她的猫咪了,于是停留片刻,沿着小路继续往前。这时我看到前面一树小花正在开放……

待我绕到国家图书馆旁边,紫竹院最东面的那条小路,在路的左侧突然看到一大片花树,大概有五六棵,盛放的曙红色花朵连同娇嫩的蓓蕾连成了一片,清雅芬芳,看形状有点像昨天在紫竹院南边见到的北美海棠,但眼下的叶子却呈红色,难道这又是一个新的品种?大自然真是一部神奇的教科书,让我们慢慢学习、欣赏、领略吧。然而这些花层层叠叠,炫人眼目,实在太迷人了,流连良久,不忍离去。虽然我知道,花开花落,时光流转,事实上我们什么都留不住,转身此岸,转身彼岸,还是继续欢喜赶路吧,前面,或许还有更美的风景,就像佛说,一切如梦幻泡影……

北面的贴梗海棠花朵已经涨满,将自身的能量和美丽发挥到了极致,可以说已经在怒放了,我们暂且不要说"盛极而衰"。"有花堪折直须折,莫待无花空折枝。"及时行乐,当下赏心。蔷薇依然没有动静,微风中悄无声息地积聚着能量,美人梅索性已全然开过,不见一丝风流了,唯有一片暗红抑或嫩绿的叶子留在枝头,依然生机勃勃。平凡亦有平凡的美。

最可喜的，是我最爱的那棵不知名的海棠花开了，我敢说那是紫竹院最绚烂的一棵海棠树，满树的繁花铺盖下来，渲染出无限浪漫的意境，勾人心魂。走上前去，发现它何止是开花了呀，简直是快要花落了，刹那间内心虽然有了一丝"相逢未在最好时"的落寞，但落英缤纷、浑然一体之中，仿佛又生起了无限的诗意。让我们用虔诚的心灵，去感谢它无私的馈赠吧。

盛大的花开，是一种因应。

2017年4月11日，星期二

人生得意须尽欢

一

又到了跳操锻炼的时间,由于时间关系每次我都无法坚持到最后,不知道后面的操跳些什么,今天我特意将次序颠倒了一下,改为先去吃饭再回来锻炼。

这一次,我选择了站在海棠树下,要刻意感受一下花下锻炼的浪漫气息和喜悦心情。天有些热了,我像别人那样,脱掉外套,放在眼前这棵西府海棠的树杈上,对着蓝天花影深呼吸,跟随当下的音乐随性摇摆,瞬间融入了其中……后面的操以锻炼下半身为主,包括一些蹲起、踢腿、抻筋的动作,时而听到筋骨嘎嘣嘎嘣的声音，但却感觉能量和活力在一点点地注入和苏醒。疏于活动的现代人，是多么需要运动啊。

毫不隐讳地说，我喜欢这样的民间活动。以前听到有人言谈中鄙视大妈舞、广场舞，我很不以为然，从欢快的乐曲，自然的动作，快乐的表情，我每每都能捕捉到跳舞的人满满的幸福感和健康向上的良好精神状态，使得我每每都有想要加入的冲动。这种团体对于退了休的老年人来说其实颇有裨益，加强锻炼，强身健体是一个方面，还能排遣孤独，丰富生活。不可怀疑，这些民间自发组织的舞蹈团、健身操团避免了多少抑郁症的发生啊。而且不可否认，它带着浓郁的民族特色，不是所有的扎堆儿都不可取，与其说这种热闹是一种肤浅，不如说是一种欢乐。众所周知，西方人不喜欢热闹，但在纽约的中国城，我也曾看到中国大妈在街头聚众晨练，和在中国，和在紫竹院的情景一模一样，那是改不了的根性。健康的、有利于身心的东西，还是要发扬的。

扯远了。返回的途中，我经紫竹湖南面小山包，拾级而上，松柏翠竹丛中，看到一清幽石阶小径，蜿蜒而下，四面无人，唯有隐约湖光，婆娑树影，时光仿佛静止于此。禁不住诱惑，我随即坐于石阶之上，面湖静坐，吸纳天地灵气，沉淀真淳本心。待能量蓄满，继续前行。

二

今天下班路过紫竹院要去接女儿,我再次闲散地在这里漫步。

行至梅桥,看到桥南的湖心小岛上长满了绿植,不知道是芦苇还是什么,青葱一片,中间的两棵大树也不显得孤独寂寥了,并且同时披上了绿装,盈盈然一片春意。

下午我看到侄女发的微信,济南的牡丹花已经开了,我想去紫竹院看看这里的牡丹花是否也已开了。结果发现还没开。花木是最知冷热的,济南较之北京偏南那么一点,牡丹的花期就不一样,这里应该是要晚一两天、两三天。不过,在星星点点的小花苞丛中,已有一两朵、两三朵张开了口,从花朵里露出长长的黄色蕊丝,两朵绛紫色,一朵淡粉色,要么明天,要么后天,估计它就全然开放了。

是啊,又到了牡丹花开的时节。我的家乡菏泽作为牡丹之乡也正迎来它最为闪亮的时刻,一年一度的菏泽国际牡丹花会也已拉开帷幕了吧?"曹州牡丹甲天下"是自小就烙在脑子里的一句话,在菏泽师专读书两年,也曾到牡丹园观光,园子之大,一望无际。光菏泽牡丹就有着成百上千个品种,其中包括绿牡丹、黑牡丹等许多名贵品种,如若拿这里的牡丹与之相比,那真是小巫见大巫了。但紫竹院——这个闹市中不大的园子,能够栽植40种千余株牡丹花,也已算是蔚为可观了。

据说京城的很多牡丹花移自菏泽，不知道紫竹院的牡丹来自哪里？菏泽，洛阳，还是……？

正思忖着这些，我突然被前面的歌声转移了注意力，几日前路过闲坐的那片大树环抱的空地上，有人在唱歌：

> 兄弟，我的好兄弟
> 岁月如歌我们一起唱
> 兄弟，我的好兄弟
> 生活如酒我们一起尝
> 如果失败和挫折让你感到很沮丧
> 不要怀疑我的微笑对你一如既往
> ……

走近一看，是位蓄着长发的年轻男歌手，看上去很有艺术范儿，这时长椅上、栏杆上，已经坐满了人，一曲唱完，掌声雷起，再接一曲。

我沉浸在如此的氛围里，不知道是被歌曲吸引还是被眼前的歌手吸引，我感到这样的场景如此迷人，又如此地接地气，这时我似乎意识到，任何音乐厅和歌剧院里的演绎事实上都是那么贫弱与造作。林木间呼吸着新鲜空气的歌手也是一副享受的样子，情深款款，唱给大树唱给小鸟，唱给走过抑或驻足的你……

歌手唱罢，收拾器具，跟旁边一位先生招手示意。随即又有劲爆舞曲、灯光出现，观众中几个人同时起身，随音乐扭动身姿，附和参与的人也越来越多。我无法抗拒这样的音乐，刹那间忘情地融汇在这片欢乐的海洋，全身律动，恣意徜徉，仿若处云端，身心都在飞扬，全然忘记了周遭，忘记了俗务俗念，被无尽的欢乐淹没、渲染，脸上心上都是快乐——再没有比这样的舞蹈更淋漓、更酣畅、更让我喜爱的了，那一刻仿佛回到了从前，回到了校园，回到了18岁的花样时光，像那时一样的热烈，一样的奔放，一样的忘乎所以。那是好久没有过的了。而今天，难得有此契机。想起要接女儿，但我不想离去，掏出电话打给欣欣："接女儿你8点能到吗？""能。""我在紫竹院蹦迪呢。"他估计早已听到了电话里的吵闹声，没等我说完就听到他笑了，我挂了电话继续舞蹈。难得今晚好时光。

"人生得意须尽欢，莫使金樽空对月。"呵呵，我没有想到，夜晚的紫竹院原来也这么欢乐，这么疯狂。

2017年4月12日，星期三

自怜潇洒出尘埃

今日在莲桥边,看到一喜人场面,一位30来岁的民间歌手,戴一无比时尚的眼镜,镜片中央绘着五颜六色的抽象图案,站在一细长条的木凳上,左右摆放着的两个超大音响里放出悠悠的乐曲。歌手一手拿麦克,一手抒情演绎,对着前方,倾情投入,纵情歌唱,仿若眼前观众云集,人潮涌动——而事实上,那里只有一两个喂鸽子的小孩儿,蹒蹒跚跚,看上去并未被歌声吸引,有一两位老人坐在歌手旁边的长椅上歇息,对歌手也未太过注意,再有就是如我一样的行人匆匆而过了……经莲桥至青莲岛,沿竹间小路向南走了好远依然能听到他的歌声:"……让我唱一首爱情的歌……"一曲唱毕,竟还听到有掌声传来。

很快，我拐弯向东，伴随着逐渐消失的歌声将场景转至"八宜轩"。淡入淡出，雅俗共赏，此时再举目四望，已然是另一番景致。

轩是中国古代建筑中的一种，《辞海》中说："有窗廊或小室为轩"。眼下的"八宜轩"坐北朝南，卷棚歇山，前临一鉴荷塘，背依万竿修竹，东西与"莲""梅"二桥相连，旁有"竹韵石"，前有"青莲台"，三者相依相伴。远远望去，轩内开窗两扇，石刻雕花，两窗间有题书，多次经过，却未及入内细看，因轩内游客每每不绝，三三五五，谈天说唱，不忍打扰。今日人少，略有一二，站在轩的正中，不知在切磋辞赋，还是探讨太极，我即兴登临，看到轩的后墙嵌有石壁，上书咏竹佳句，那是已故现代书法大家王遐举书写的唐人张泌的《咏竹》诗："凌霜尽节无人见，终日虚心待凤来。谁许风流添兴咏，自怜潇洒出尘埃。"原诗如下：

> 树色连云万叶开，王孙不厌满庭栽。
> 凌霜尽节无人见，终日虚心待凤来。
> 谁许风流添兴咏，自怜潇洒出尘埃。
> 朱门处处多闲地，正好移阴覆翠苔。

八宜轩，不知是否取"八方皆宜"之意，只见外悬颂景匾联，匾额之上"八宜轩"三字为书法家兼诗人柳倩所书，左右廊柱上书有楹联一副:"雨雪风霜竹益翠,诗书画印景宜人。"按照紫竹院负责竹种栽培和引进的工程师冯小虎先生的解释,楹联解释了"八宜"的内涵,即欣赏不同天气条件下竹子的美感和韵味,又能赏书画、吟诗文。八宜轩的座椅、栏杆、挂落采用了松竹梅"岁寒三友"的造型,表达情趣,寄托情怀,于细节处体现南方建筑的精细,与三面翠竹互映互衬,相得益彰。

轩前青石板铺地,并有古柳、元宝枫相伴,树盖巨大,荫遮半轩。中有日月石,笋剑云举穿天,象征四季八节,翠竹丛中置有6米高剑石三五块,剑指云天,气度非凡。西侧早园竹丛的前面,四块巨大的"竹韵石"上刻有竹画四幅,分别是风竹、雨竹、霜竹、雪竹,是当代写意画家张立辰所作,风雨潇潇,凌霜傲雪,气韵生动,气象万千,写出了竹子"千磨万击还坚劲,任尔东西南北风"的坚韧气节和清雅品格。一旁加盖篆文古籀印四方,其中一方"贯四时而不改柯易叶",语出戴圣所著《礼记·礼器》:"其在人也,如竹箭之有筠也,如松柏之有心也。二者居天下之大端矣,故贯四时而不改柯易叶。"表现竹子坚贞勇敢、不畏逆境的品质。另一方"挺雨雪独尚高节虚心",为王十川所刻。印章朱砂着色,露天而置,既古雅又粗放,为画幅增添了喜悦情调,潇洒情怀。石的背面有诗两首,为作品亦为自然加添了诗情画意。绕到石后,见其中一首:

竹风潇洒楚江滨,

暂把清晖绝世尘。

但得春雷惊乃发，

新梢直放到凌云。

亦是咏竹。

敞轩西侧还有一块卧石，上书有清华大学教授、著名书画家朱乃正先生所撰并书于甲戌年的一篇赋文《八宜轩记》，将八宜轩诠释得美妙怡然。风吹日晒，有些字已经看不清楚了，但仔细琢磨，依稀能辨：

> 京西偶有紫竹院焉，纳百竹之盛，邻市处静，院有一岛，上筑敞轩，卷棚歇山，翠筱环簇，幽径可通，南邻莲池，碧叶接天，轩前东侧，剑石突兀，与亭亭秀篁扶持相伴，轩名八宜，盖四时八节，风霜雨雪，少长友贤，诗书画印咸宜也。风拂则婆娑起舞，发天籁和爽之音。霜染则绫翼轻掩，生薄雾飘逸之态。雨沐则绿黛润透，得清丽超尘之韵。雪拥则银雕玉砌，有高洁绝世之致。故院主雅设楹联，刻石以吟，以颂，以写，以铭。况复晨昏寒暑，阴晴圆缺，凭轩徘徊之际当应目会心而自入佳境也。八方君子盍兴乎来。

八宜轩借诗书画印和自然生态，将紫竹院的竹文化表达到了极致。冯小虎工程师还专门以八宜轩为例，在其论文《竹文化在园林设计中的表现形式》中详细阐述竹和园林设计的文化内涵，读来颇为受益。

然而，过往的游客却是这里不可忽略的活的文化和活的风景。八宜轩热情欢迎八方游客，的确老少皆宜，敞轩内外，吹拉弹唱，无所不有，与园林艺术家营造的自然景致及艺术创造相合互融，相得益彰，高雅中透着一股活泼气象。湖边青莲台由24块莲瓣形青白石组成，游人在此小憩，荷风习习，消暑纳凉，可使人体味到"竹翠舒新绿，风荷递暗香"的意境，深得古之幽情。莲花座上，有小儿嬉戏，老人晒太阳，更有游人你来我往，观紫竹湖上的四季风景。

偶然看到一位具名"肖虹"的博主，在博客上抒发她对八宜轩的喜爱之情，深有同感："闲暇时候，一个人，一卷书，一瓶水，轩里或者轩外静静地坐下来似读非读，似看非看，享受着浓郁的文化品位，站起来，驻足石刻前的字、诗、书、画、印，细细品读！欣赏前人大家的诗句、字迹。感受生活这么地美好是多么地惬意啊！"我还惊喜地看到她以"八宜轩"为题作的水墨画，将朱乃正先生所作《八宜轩记》赋文全篇题记于上，水墨淋漓，意味深长，热爱之情跃然纸上，与彼时的我共鸣共情，给人无限美的享受。

紫竹院，从来都是情态万千，风情万种。然而竹子是紫竹院公园不变的主题与主角，进得此园，本该直入主题，但它内涵实在太多，包容无尽，一时竟然无从说起。今日有此契机，看到想到，随性聊去，不及一二，不着四六，但来日方长，他日再叙。

2017 年 4 月 13 日，星期四

天地与我并生

昨晚看到国家图书馆"从莎士比亚到福尔摩斯：大英图书馆的珍宝"的展览预告，心情有些激动。

这个展览将于一周后举行，将展出英国标志性作家的9部手稿、两部早期印本，涵盖诗歌、戏剧、小说，其中还有一些藏于大英图书馆的孤本原件，如莎士比亚《罗密欧与朱丽叶》的第二版四开本，夏洛蒂·勃朗特《简爱》的修订稿本、阿瑟·柯南·道尔《失踪的中卫》手稿、乔治·戈登·拜伦的《唐璜》手稿、柯勒律治的诗歌《古舟子咏》手稿等。

期待中，我忽然感觉到，守着国家图书馆、紫竹院这样的自然、人文与文化福地，是多么的幸运啊。这时想到在我的周边，还有中国国家画院、万寿寺、北京舞蹈学院等其他历史、文化机构，逐渐地，我是不是也要将这上天赐予的地缘便利利用起来，沾沾周边的灵气，让自己有文化、有悟性一点？

呵呵，一周以后，我会找一个中午，穿过紫竹院去看国图的展览，穿过时间的长河，抚今追昔，领略世界文学之美，看看大师的手泽，获得一点熏染和教益。

而今早进得紫竹院，看到树木的影子被朝阳斜照下来，映在如毯的绿草地上，斑斑驳驳，四周参天的水杉、白杨、银杏都散发出蓬勃的绿意，逆光看去，白皮松墨绿的针叶显露着苍劲的轮廓，海棠花盛极而衰，轻盈的花瓣随风飘落，元宝枫缀在枝头的淡雅的黄色球状小花依然无声无息，但仔细看去，也已是落英满地，而枝条上的绿叶却在一天天生长，直至这些不同的枝叶连成一片，在眼前呈现出一个绿色的世界，那一刻我突然感觉到，此时离"绿肥红瘦"的季节已经不远了！

气温已明显变暖，和煦中仿佛有了一丝倦怠和慵懒，然而依然舒适。

但这，也只是闻到了夏天的一丝气息，才是夏天的一丝幻觉，春天的花朵还未全开呢！海棠树下，牡丹花已有三五朵按捺不住，挣脱蓓蕾先期开放了，用不了几天，也许是明日，也许是过了这个周末，等我下周一再来的时候，它们就会给予我盛大的惊喜。

好吧，让我们等待吧。

牡丹是国花，因其雍容华贵又具吉祥之意，深受大众喜爱。然而，人们对于花的理解亦不尽相同，当初我学花鸟画之时，徐湛先生曾给出建议，说最好先选择一种植物深钻下去。在竹、兰和牡丹之中，先生并不建议我选择牡丹，他说牡丹是介于俗和雅之间的一种花，尤其在国画中，尺度不好把握，最易走向俗的一面。先生的话颇有道理，周遭我们不难看到大红大紫、无比妖艳也无比庸俗的牡丹花。和人一样，即使大富大贵，缺少品位和内涵，其富贵就会大打折扣。从庸俗的事物中，发掘并提炼出不俗的境界，需要深入的修为。

　　然而牡丹还是牡丹。自然界中的牡丹并无雅俗之分，仲春时节，它开着自己的花朵，散发着自己的馨香，展露着自己的姿色，任人描画，任人评说。

　　一路上，又见灌木状不知名的黄色、白色小花开放了，与牡丹同期，但比牡丹低调，当然，低调高调亦是人为的区分。林清玄在他的散文《百合花开》中以百合花的口吻说，我要开花，是为了完成作为一株花的庄严使命，不管你们怎么看我，我都要开花！而对于紫竹院这个超然世外又容纳万有的园子来说，天地与我并生，万物与我为一，一切并无分别。

　　我亦不想那么多了，树林间跳操，仍是今天不可落下的"功课"。

2017 年 4 月 14 日，星期五

瞻彼淇奥，绿竹猗猗

今天周一，本来应该是跳操的时间，但进门远远地看到银杏树下的大空场空无一人，看了看表，刚刚 7：30，今天到得稍早，可能健身操队还没过来，正好我去看看牡丹花。于是调头回来。

目光掠过大草坪，从树木间远远地就看到姹紫嫣红的牡丹花的影子了，走近发现，牡丹花刚刚过了一个周末，就已经恣意怒放了，旁边很多的路人对准了花在拍照，脸上是微笑，口中是赞叹。我仔细地观察着，希望从这些碗大的艳丽花朵中找到最漂亮、最动人的牡丹花——牡丹本是介于雅俗之间的一种花，同样的牡丹，不同的角度，不同的理解，不同的心态，甚至不同的人生观、价值观都能拍出不一样的牡丹花。绘画作品更是如此。艺术，体现了一个人的眼光和修养。记得有一次跟徐湛先生在牡丹花旁写生，先生说，要找到最有特点、最美的那一朵。而我仔细观察，发现每一朵牡丹花确实都有着不同的姿态：有的十分规则和对称，像一个圆盘，这样的花便少了一些艺术的趣味；有的刚刚挣脱花蕾，只有一两个花瓣张开，这样的花十分可喜，娇嫩中带着新奇；有的半开，微微地露出黄色的花蕊，也不失一份含蓄；还有的即使全开了，花瓣却错落有致，阳光照射过来，也有一份内在的生气。我将这些花从众多的牡丹花中挑选出来，摄入镜头，发朋友圈分享，引来一片赞叹。

牡丹自古受到世人喜爱，据考，其最早出现在2000多年前的《诗经》里，在《诗经·郑风·溱洧》中有"维士与女，伊其相谑，赠之以芍药"的句子，说的是男男女女们有说有笑，互赠芍药，表达爱情。而那时的"芍药"就是我们今天所说的牡丹。秦人安期生在《服炼法》中说："芍药有两种……然牡丹亦有木芍药之名。其花可爱如芍药，宿根如木，故得木芍药之名……牡丹初无名，故以芍药以为名。"秦汉时期，牡丹作为药用植物又被载入《神农本草经》。

唯有牡丹真国色，花开时节动京城。京城的牡丹已是姹紫嫣红了。这几天下班回来，我都会铺开宣纸兴高采烈地涂抹牡丹花。画得虽然不好，但心情却是十分愉快。

看完了牡丹花,我绕回银杏树下,发现那里还是空无一人,看来今天健身操队是有特殊活动了,比赛吗?不得而知。我匆匆走过,心中立刻有了新的计划——该到长河的北面去看看了。

沿长河向西,走在河湖两岸的花间小道,往来的人流中听到一位白发老先生对身旁一起锻炼的老太太说:"花开花谢人无怨,潮起潮落……"我没听清后一句,见老先生重复,调头想跟在老先生后面听他后面的一句是什么,但匆忙间还是没有听清楚,紫竹春色,太易勾起人们诗意的情怀和乐观的态度了,过去在紫竹湖旁静坐读书,就曾见到有人徘徊湖边,动情地吟诵赞美的诗文,抑扬顿挫,那一刻的紫竹湖便更加地富有韵味了。

是的,花开花谢人无怨!岁月静好,安然若素。

绕过长河,在老人们锻炼的那片柏树林旁边,我又发现了几丛不知名的小花,五个淡紫的花瓣中伸展出长长的花蕊,迎着朝阳点缀在绿叶中,开在石头旁,薄薄的、娇嫩的花瓣有种透明的感觉,给人们的心头平添了一丝喜悦。

二月兰还在安静地开着,蓝色的小花开在石旁或路边并不显眼,贴梗海棠的花朵如今已有些残败的迹象了,而蔷薇依然没有动静。当我走近听初亭,听到有人在吹笛子,笛声欢快,和远处竹林间的"咕咕咕"遥相呼应,是一种悠扬闲适的曲调。走到近处,看到一个吹笛人穿着蓝色上衣,坐在亭子旁边的绿云轩心无旁骛地吹笛。

而这也是我第一次走到听初亭下，平时这里也是"抢手"之地，几乎每次经过都能看见有人在此休憩。若是中午，还常碰上三五同事聚在此处闲聊，放松，晒太阳。难得今日如此安静。

"听初亭"为篆文书写，但久久寻味却不知其意，中间的"初"字也是请教了紫竹院的冯小虎先生、书法家牛宝义先生和我的国画老师喻文军先生才知道的，几位先生虽识其字，也都不解其意，网上有人借助《康熙字典》中"'初'，有'故事'"的解释，猜想其为"听故事的地方"，但亦只是猜想，也正期待正解以正视听呢。看来这个字迷惑了不少人，或许只有写它的人才知道其含义吧。眼下，只见这个亭子借竹子搭成，与周围的竹林、树木浑然一体，十分协调。站在亭内往南望去，见有几棵高大的水杉直耸云霄，和后面的竹林、脚下的草地共同营造出盎然的绿意。下面是一汪绿水，更给这优美的景色增添了灵动。竹木潇潇，绿波涟涟，于这个幽静的空间里营造出一种古老意境，恍惚间仿佛回到《诗经·卫风·淇奥》：

瞻彼淇奥，绿竹猗猗。有匪君子，如切如磋，如琢如磨。瑟兮僩兮，赫兮咺兮。有匪君子，终不可谖兮。

瞻彼淇奥，绿竹青青。有匪君子，充耳琇莹，会弁如星。瑟兮僩兮，赫兮咺兮。有匪君子，终不可谖兮。

瞻彼淇奥，绿竹如箦。有匪君子，如金如锡，如圭如璧。宽兮绰兮，猗重较兮。善戏谑兮，不为虐兮。

那位美貌英俊、气宇轩昂的君子，到哪里去了呢？

这时，一只喜鹊从远处飞来，打破了幻想和眼下的宁静，落在其中一棵水杉的梢头，它居高临下，将巢穴筑在这里，可谓是占尽了地利，览尽了春光啊。

流连了片刻，我从听初亭悄悄地拾级而上，绕过吹笛人我顺便又来到绿云轩。

不同于公园南面八宜轩的石雕石刻，和听初亭一样，绿云轩亦借竹子打造，整体呈方形，敞亮通透，立于轩内，能观四方，而四下望去，林木葱茏，皆是美景。走出轩外，拉远一点距离回望绿云轩，只见其在银杏、翠竹、白杨和花草的掩映下影影绰绰，更显迷人。由于所处深幽，不事喧哗，和八宜轩相比，可谓一静一动。

而紫竹院，就是如此动静相宜。

绿云轩的东面竖一块大石，录有东坡诗："可使食无肉，不可居无竹。无肉令人瘦，无竹令人俗……"北面，就是我常常光顾读书、静坐或听鸟唱歌的那块诗意的空地。由于时间关系，今日我没有停留，而是沿着常规的路线走出竹林，绕湖奔西南门而去。

待绕到湖的西侧，路边不经意间发现四五朵熟悉的小花，活泼俏皮，似曾相识，哈！是锦带花开了！真想跟它打个招呼，这些天我都在惦记着、呼唤着它，去年、前年，还有大前年，我还特意将它采撷到我的水墨画中，现在我微信的封面照片还是可喜的锦带花呢。它大片大片、成簇成簇地开放，开得雅致、热烈而奔放，不事张扬，但明丽欢喜，我喜欢。

待走到西南门，看到集中栽植的几棵锦带花也开始开放了，胭脂中调入白粉就是这些小花的颜色，它们欣欣然地迎着朝阳，向过往的人们发出愉快的问候，同时也将蜜蜂吸引过来，只见一只小黄蜂趴在花蕊里，踌踌躇躇、摩摩挲挲地吮吸着，将每一根花蕊都吻个遍，最后竟然一头扎进了花蕊的深处，甚至都要看不到了，浸淫良久才出来，飞至另一朵……

不远处的紫藤转眼间也开了。我知道沿小道往东，长廊边还有更多的紫藤花，那也曾是我入画的好题材。下次我要过去看望它们，跟它们互致问候。

2017 年 4 月 17 日，星期一

幽幽小径伴紫竹

一

早早地,又来到这个园子,对面的大草坪如绿毯一般,既开阔,又清新,两三只喜鹊在大树边踱来踱去,处处弥漫着欢乐的气息。

相对紫竹院的河和湖,大草坪展示给我们的是另一种风情,作为公园的一个景点,被命名为"绿毯诗韵",确实名副其实。

草坪的中间植有银杏、水杉、元宝枫、雪松、白皮松等一些高大的乔木,四周遍植山茱萸、西府海棠、猬实、金银木、锦带花等花木,疏林草地,营造的是一种欧式风情,春花秋叶,四季常青。草坪的外围栽种着各种竹子，而每一种竹子都显示其各自的气质秉性。东面，公园的进门处植有一丛紫竹，由于栽植时间不长，尚显细弱，但不乏特色，与紫竹院的名字相合相契，由此人们通常不会小视它；西面植有巴山木竹和斑竹，本来以为对面那丛高大挺拔的竹子会是巴山木竹，因为名字中仿佛带着一股天然的山野气息，走近了一看，却是斑竹。而关于斑竹，还有一段凄婉的神话传说：相传尧帝将女儿娥皇和女英嫁给了舜帝，成为舜帝的两个妃子，舜帝体恤百姓疾苦，后来到九嶷山治水，一去不返，娥皇和女英朝思暮想，十分挂牵，于是历尽艰辛来到九嶷山上，当得知舜帝已劳累而死，悲痛万分，哭了九天九夜，最后亦死在舜帝旁边。她们的眼泪滴在竹子上，竹竿上便呈现出点点泪斑，这便是斑竹，又称"湘妃竹"。毛泽东《答友人》诗即用过此典：

九嶷山上白云飞，帝子乘风下翠微。
斑竹一枝千滴泪，红霞万朵百重衣。
洞庭波涌连天雪，长岛人歌动地诗。
我欲因之梦寥廓，芙蓉国里尽朝晖。

竹子作为梅兰竹菊"四君子"之一，高洁的品格向来为世人称道。爱竹的郑板桥不但以画竹闻名，而且还留下了诸多咏竹的名篇佳句："一节复一节，千枝攒万叶。我自不开花，免撩蜂与蝶。"表现的是竹子自律自重、不为所染、不为所诱的高贵秉性。"虚心竹有低头叶,傲骨梅无仰面花。"对应的是竹子中空、虚心的谦谦君子风度和梅花独立自持、不事谄媚的高尚品格。这些风度、品格、气质和精神为心气相通的画家、文人以及同气相求的世人君子所感应,并发出由衷的赞叹。东坡先生对竹子钟爱有加:"可使食无肉,不可居无竹。"在他看来,"无肉令人瘦,无竹令人俗。人瘦尚可肥,俗士不可医。旁人笑此言,似高还似痴"。可以消瘦,但不可庸俗。就是我这个不是诗人的俗人,日日漫步竹林,浸淫良久,也会有蹩脚的打油诗从脑际忽而飘出,寄托一时的心情与感悟:

  幽幽小径伴紫竹,
  花枝摇曳任扶疏。
  彩墨淡出无却有,
  浓笔渲染有却无。

  说起画竹,中国花鸟画研修院的周振清老师在给学生答疑时,将竹与中国古代的书法对应起来,颇富意趣。他说竹竿用篆书,竹枝用草书,竹节用隶书,竹叶用楷书。而当我进一步请教时,他说这非他的原创,是元朝擅长画墨竹的柯九思于实践中悟出来的,原话是:"写干用篆法,枝用草书法,写叶用八分或用鲁公(颜真卿)撇笔法。"周老师在此基础上做了更精练的概括与发挥。摩挲之间，妙趣横生。

眼下这个园子里还有金镶玉竹，金镶玉竹的竹竿呈黄色，和斑竹一样，上面挂了一个"竹林出笋期，请爱护竹笋"的牌子，下面一行小字："我们刚从黑暗的泥土中钻出来，请让我们和你们一样享受阳光。"低头一看，竹林间果然已有笋尖破土，欣欣然地露出小脑袋，然而已能看得到隐约的竹节，真是又应了那名句："未出土时先有节，及凌云处尚虚心。"

四下翠竹掩映，唯有斑竹的故事有点感伤，但没走几步，这感伤就被牡丹花驱散了。与昨日相比，今日的牡丹花团团簇簇，大张旗鼓地开放了，比昨天更热烈，更奔放，更雍容，红的、粉的、白的、绛紫的，连成一片，远远望去，成了花的海洋。人在花中游，驻足观赏，给花拍照，与花合影，是一番无比热闹的景象，此情此景，恍惚间有了一种身置家乡曹州牡丹园的幻觉。而此时擅画大写意牡丹的画家刘存惠先生正带领中国花鸟画研修院的学员在曹州牡丹园写生，从微信里看曹州牡丹园的牡丹也不过此番光景。当然，看牡丹，是不能通过微信和照片的，菏泽牡丹有着悠久的历史，齐全的品种，广阔的种植面积，并因此享誉世界。如今在菏泽，到了冬天仍能观赏到牡丹花，春节前后，盆栽的牡丹花给千家万户增添了喜庆气氛，牡丹食用油、牡丹面膜、牡丹护肤品等各种以牡丹花为原料的产品也被开发出来，使菏泽牡丹的价值最大化地凸显。

牡丹花开的时节，我想念我的家乡了。

如此地分了一会儿神，目光又回到眼下的牡丹花，既然眼下的花朵一样地盈盈可喜，那就安然地享受当下吧。

离开牡丹园，我奔紫竹湖南岸的轩亭而去。这里的紫藤花是紫竹院开得最多、最盛的一处，每到四月中下旬，就能看到成串、成簇的淡紫色花朵从遒劲的老枝上垂落下来，铺满了整个轩墙。为了近距离观赏紫藤，今天我也是第一次进到轩内（平时总有人在此吹拉弹唱，始终没有机会），四下打量，看到此轩轩顶很高，宽敞通透，小窗、廊柱分别采取荷花和竹子造型，与前面荷塘左右的翠竹浑然一体。从荷花造型的绿色轩窗往外看，获得了不一样的视角，一股馥郁的香气扑鼻而来，近在眼前的紫藤花紫中透白，素雅又不失妖娆，如灯笼一般挂在枝条上，听轩内长廊上的吹笛人为它吹奏一曲幽歌。

紫藤花开，紫气东来。紫藤花亦有着美好寓意，因此也常被画家采撷于画中，几年前在中国花鸟画研修院跟喻文军老师学习国画时，曾有一节课专门学习紫藤，只是到现在我也没有画好。而此时此地，花与人，人与歌，互感互染，共同陶醉在这幸福的春天里，却是一件上好的美事。

继续往前，一路上又邂逅了锦带、黄刺玫以及不知名的小黄花和小白花，心里是满满的欢喜，真是好花开不尽，一重又一重啊！

开在土山包上的小黄花如纽扣那么大，单个看并不起眼，但它们集体绽放，聚在一起，连成一片，再加上天生的明亮闪烁，便异常醒目，引诱我情不自禁地上得几步台阶，走近了专门去看望它们。它们开在小山的斜坡上，依傍着树木和小径，悠然自处，欢喜雀跃，见到它们，脸上心上就都是微笑了。

路边灌木丛中伸展出来的小白花开得奇特，我印象中是第一次遇到。娴静淡雅的十几朵五瓣小花，绕着中间抱团的繁密花苞整齐地开了一圈，围成一个规规整整的圆，刹那间引起了我的好奇和惊叹：大自然的物种到底有着多少的品性啊？！这些花以不同的姿态，不同的色彩，不同的性格，不同的花期，来与我们相遇。其实我也拿不准布置于中央的那些星星点点的构造是不是花苞，未来它还会不会开出花来，改天我再来领略。

今天天气有点凉，最高气温降至20度，天气预报说有小雨，结果还没走出紫竹院的门儿就开始掉雨点儿了。本来我想在园子里溜达一圈然后回到健身操队去锻炼，但怕雨下大，于是就直奔西南门儿了。

二

在单位吃完早餐，我看还有时间，于是又来到紫竹院。路上遇到一位常逛紫竹院的同事说："下雨了。"我微笑着回应："是"，但脚步并未停下来。意犹未尽，这个园子仍在吸引着我啊。

而眼下的雨，看上去应该不会下得太大。

进门向左，看到紫竹湖西侧的黄刺玫恣意地开着，以紫竹湖水为背景，显得更加灵动。而其他的花多数都已谢幕，不见了踪影，昨天的绚烂变成了一片葱茏，倒也生机勃勃。我走到西府海棠前，忽然没有再往前走的兴致了，随即折转方向，从两湖之间的那条小路往回走。

　　紫竹湖本是一体，被分布在四面的莲桥、梅桥、虹桥、不知名的小桥以及湖中的两个小岛隔成几个区域，各自成景又彼此相连。眼前的这座小桥沟通了东面的大湖和西面垂钓的小湖，桥的前后是一条横亘了湖水的小路，也可以说是条小堤，两岸栽植着杨柳和花木，走在路上，如在画中。今日有风，吹皱了一池湖水，无人的湖景多少有些寂寥。被围起来的镜游亭正在修缮，独自矗立在水中。平时这条小路不时有行人穿梭，临水观景，或漫步休闲，有一天早上我还曾看到有人坐在湖边的景石上面对大湖背书，心静如水，想必是少了很多打扰。那一刻我想，假如某日有缘能来此静坐，应该也不失为一份享受。晴朗的天气，小湖的沿岸有人钓鱼，有人围观，人来人往，也是一派悠闲。

　　走回到大路上，雨终究是没有下来，而这正合我意。沿大路往东，习惯性地走入小土山，来到平时我常去的那片小松林，那里的一片空地，是我静心冥想的好地方。

　　然而刚走到第一个小空地，透过黄刺玫的枝叶和花朵，依稀看到前面的大空地有人穿着黑色中式练功服在舞剑，再往上看，平时我常去的那块空地也有人在锻炼。再观近处，发现自己就站在一片世外小桃源！脚下是一块圆圆的空场，中间一棵古老的大树，枝枝杈杈和其他的树木在天空相接，元气淋漓，能量饱满。四周围满了绿植，其中一面开满了黄刺玫，或活泼或娇柔，参差错落，明媚可喜。紧挨着这丛灌木的，是一簇矮竹，这是一个独特的竹子品种，叶子宽大，却只有几十公分高，我一时叫不出名字来，厚厚密密，将这里与外界隔开，隐约能看见前面的湖水，却看不到湖边的路人，即使偶尔能听到动静，也是只闻其声，不见其人。再往后看，是层层的松林和灌木丛，因鲜有人来而不被打扰。难得如此清静的好地方，我当即决定不再去找"组织"扎堆锻炼了，而是按照记忆将健身操的动作逐一做一遍，放松身心。一人独处，更感自由，与眼前的大树，身边的花草交换信息，互换能量，涤去所有的繁务、杂念和尘埃，便感世界异常清亮。

　　做完操，我的思想和动作一起静止了，停留在那一刻的冥想里，是无上的幸福。

　　等我走出这个园子再去上班，对应付这个现实的世界，已经是贮满了信心和能量。

2017年4月19日，星期三

结庐在人境

一

今天气温依然有点低,但天气晴好,我从北侧绕到大草坪的西边,看到银杏树下另一拨人在翩翩起舞,音乐舒缓、抒情,很适合这个清新的早上。

站在大草坪的西侧向东望去,一束阳光越过树梢照射下来,大草坪的绿毯上印着雪松、白皮松和元宝枫拉长了的影子,没有遮挡的部分则被阳光铺上了一层明亮的暖黄,斑斑驳驳,参差错落,呈现出丰富的色调,像是油画的明暗对比。绿草地上,大树之间,几只喜鹊或忽地飞来,或踱来踱去,在草间寻寻觅觅,活泼欢快，引来好几个路人将镜头对准了拍照，试图永久地留下这个美好的瞬间。

我站在那儿欣赏了一会儿，向前绕过斑竹林，突然间温暖的阳光无遮拦地照了过来，身上顿时有了许多暖意。这几天降温，天气转凉，今儿虽然出了太阳，但气温并未明显地升上去，走在树下还有一点阴冷的感觉，而沐浴在阳光里的那一刻忽然感觉好惬意，好幸福。

今天时间富余，本来我还寻思是到筠石苑的银杏树下读书呢，还是到小土山的世外小桃源锻炼？现在哪也不想去了，就想在这晒太阳！此地就是桃源，就是福地！于是背靠竹林，面朝绿地，迎着阳光，乘兴在小路边的铁栏杆上坐了下来，沉醉于眼前的温暖、祥和与静谧，不思不想，任阳光毫不吝啬地倾泻下来，无比奢华，洒在身上，给人带来慵慵懒懒的感觉。如此地发了会儿呆，发够了，又从包里掏出木心的《文学回忆录》，正好翻到陶渊明的那一页：

结庐在人境，而无车马喧。
问君何能尔？心远地自偏。
采菊东篱下，悠然见南山。
山气日夕佳，飞鸟相与还。
此中有真意，欲辨已忘言。

木心先生评陶诗："他写得那么淡，淡得那么奢侈。"与眼下的心情、气场既巧合又吻合，内心平添了一丝喜悦。

不经意间一抬头，发现身边不远处还有一位女士背着背包，面朝太阳，在活动筋骨，她贪恋的，大概也是阳光无私的爱、温暖与眷顾。

女士走后，我也收起书本，放下包，对着旁边的一丛红叶灌木做起了健身操。驻足这丛繁密的红叶前，仔细看去，我才发现原来这种植物也会开花，虽然那比指甲还小的小花开在斑斓的红叶下，十分不易引起关注，很容易被人忽略，但凑上前定睛看去，那小花黄黄的，兀自开得欢喜，欢喜中还带着含蓄，刹那间我有点儿喜欢上它们了，跟上一旁舞蹈队的节奏，心情极好地对着它们微笑，扭动腰肢，甚至有了一种与它们对话的冲动——那一刻我仿佛感应到一种能量的互动与互通——我相信，眼前的小黄花也一定感觉到了，阳光下，它开得愈加地兴奋，愈加地欣欣然了。我感觉我与它们融为一体，在共同盛开，共同成长，共同欢喜。虽然我并不知道它叫什么名字，但既然相见，定然有缘。

不经意低头，发现一个小牌儿，上面写着这株植物的名字：小檗。"落叶灌木。幼枝淡红带绿色，无毛；老枝暗红色，具条棱；刺通常不分叉。花单生或2~3朵成近簇生的伞形花序，花小，黄白色。浆果，椭圆形，红色。"

噢？它还结果呢？这个园子里，还有什么可以期待？

这才是一个紫竹院——众多公园中的一个，世上还有多少的花草树木未与我们邂逅、不曾被我们了解啊！然而它们就在不同的地方存在着，或耀眼，或默默，但花开花落，无有分别。

大自然的确隐藏着无限的奇迹与奥秘，而我知道，此时紫竹院公园与"王康聊植物"微信公众号联合开设的"花友植物学"公益课已在紫竹院公园开课了，北京植物园科普中心主任王康博士正在这里，为植物爱好者们讲述那些花花草草的知识和故事。在看到报名的消息时我就蠢蠢欲动，如果不是占用工作时间，我也一定积极踊跃地报名参与了啊。无奈人在江湖，身不由己，想到这里，内心似乎有那么一点小小的遗憾。

然而，我不会错过它们，不会错过春天的烂漫花草。抛开知识，阳光下，我与它们直接相遇。

二

沿最南面的小河向西，看到一位园丁模样的工作人员，端着一个喷壶状的东西走过来，站在一棵大柳树旁，往大柳树里打孔，我好奇地走过去，问他：这是在干什么？这时旁边又有两个路人，一位大妈和一位大伯也好奇地走了过来，园丁操着外地口音说他在打药。"防虫吗？""不是，打药不让它长柳絮。"见我不解，又进一步补充道："避孕。""噢，为什么？""污染环境吧。"边上的大妈接茬儿，"这柳树也分公母吧？"她问园丁，园丁说："对。"什么?！这可真让我长了见识，我还是第一次听说柳树还分雌雄。"涂红色记号的，打药。"这位园丁指着大树上画的红色记号说，"一年打一次，不打，它还会再生柳絮。"

看来大自然的造化确实神奇，上帝在造化植物的时候是与人同等对待的，每一株植物都有着和我们一样甚至比我们更长的生命，我们确实不能够小视它们。

看着他继续往大柳树上钻孔，我仿佛感受到了大柳树的痛苦，"可是这样违背了自然规律了啊"，我不无感慨地说，同时我的脑海里想到的是：柳絮飘飞的季节，也不失为一种美和浪漫呢。

2017 年 4 月 20 日，星期四

古台芳榭，飞燕蹴红英

一

今天，一进东门就看到一位身材高大的老外，"混"在大妈舞的队伍里扭来扭去，十分扎眼。老外边扭边目不转睛地盯着左右，生怕跟不上动作和节奏，不过还好，跳得也是像模像样，兴致盎然，旁边一个女孩儿在给他拍照留念。

一问，老外来自比利时，他们和家人跟团从深圳来北京旅游，七天的行程中包括故宫、长城、颐和园等，今天的行程是游花园，来紫竹院主要是在此登船奔颐和园。而这会儿空档，导游让他们自由活动。面对这么一个大园子，第一次来北京、第一次光顾紫竹院的他们一时不知从何游起，也不知道这个园子到底多深多浅，有些茫然。我自告奋勇，说我可以带他们逛一圈——本来上班前的这会儿工夫我也是要在这里闲逛的。女孩儿和比利时人欣然答应，跟着我走。

脑子里转了两秒之后，我决定带他们先看湖区，再看北面的筠石苑、听初亭、绿云轩，穿过竹林小径，让他们领略一般旅游者领略不到的紫竹院之美。正要往前走，女孩儿问哪有紫竹。是啊，"紫竹院"，顾名思义，会让人联想到紫竹，那么我们的行程就从紫竹开始吧。虽然紫竹院的命名未必跟这里的紫竹有直接的关系，因为紫竹院的紫竹为1971年引进，整个紫竹院的竹子也是在新中国成立以后引进的，而紫竹禅院和紫竹院行宫分别建于明朝和清朝，还不曾听说那时的紫竹院就有紫竹，倒是只有两株银杏树，至今还在，已有400多年的历史，我进去看过，绿荫如盖，很是壮观，每到秋季，则绚烂夺目。也有人说紫竹行宫的名字跟彼时这一带遍植的铁杆荻有关，这种植物在秋末冬初经霜后会呈现紫黑色，宛如观音道场紫竹林，因此命名为"福荫紫竹院禅院"。总之应该是先有了紫竹院，才有了紫竹，以为应景。恰巧我们离东门的那片紫竹林还没有太远，我带他们折回先看了紫竹，然后按照设想的路线往深处走去……

知道他们过会儿要去坐船，走到长河边，我就给他们讲长河的2000年历史，女孩儿说，导游告诉他们，过去这里是一位妃子住的园子。正如跟团旅游的走马观花，编入导游词中的历史往往"简单粗暴"，有时为了吸引人，也少不了添油加醋，增加故事性和娱乐性。我以在"长河·紫竹院历史文化展"上得来的知识，跟她讲元、明、清几代皇帝包括慈禧太后游幸紫竹院，在此建立行宫、禅院，以及在此换船的历史，"纠正"了她听来的说法……

比利时人还是对中国的传统文化和民族特色更感兴趣，走过菡萏亭，他回头拍亭子和楹联，只可惜他看到了这面的，没留心另一面的。停下来等他的时候，我也情不自禁地读出来："月移竹影疑仙苑，风送荷香度画廊。"比利时人不懂中文，女孩儿时不时地给他翻译。一路上看到跳扇子舞或跳操的人群他都会停下来拍照，欣赏中国民间的另一种风情和这个园子里的另一种状貌。

即将走到小桥的十字路口处，女孩儿接到导游的电话，提醒快该集合了，我没想到他们的时间如此仓促，筠石苑的部分看来是来不及领略了，我随机应变带他们左转奔问月楼，想让他们在问月楼的水榭之上看看紫竹湖宽阔的湖水。这个湖毕竟占了将近半个紫竹院的面积啊。领略了紫竹院的花草竹木，登临了紫竹院的亭台楼榭，目睹了紫竹院的小桥流水，也就沾到了紫竹院的灵气，也算没有枉来一趟了。

"古台芳榭，飞燕蹴红英"，站到水榭的小亭子下，放眼四顾，一片开阔，他们连连赞叹紫竹院的湖光之美。

他们要到东门南侧的牡丹花处集合,离开问月楼我们往东,我选择了另一条路线返回,为的是让他们尽可能多地欣赏到紫竹院美好的"面相",将我爱的这个园子的美好之处尽可能多地展现给他们。呵呵,我这个志愿者,也是用心良苦地尽了心力了。

游览结束,我的那点紫竹院的知识也"卖弄"得差不多了,我们在牡丹花旁互道再见,女孩儿和比利时人对我说谢谢,我则由衷地祝愿他们在北京玩得愉快。

然后我回到"大妈操"的队伍里,在银杏树下又开始了我的锻炼。

不经意间眼睛掠过大草坪,发现"绿毯"之上意外地镀上了一层淡淡的、明亮的黄色,并在那一片欲滴的嫩绿中自然而然地晕染开来,有如艺术家泼墨的效果,定睛一看,哈,野菊花开了。它的开放是自然而然、不期而遇的,想必不是园艺家刻意的栽培,然而,却给这春天、这草坪以意外的点缀和喜悦。

二

跳完操路过八宜轩,看到今日的八宜轩不同寻常,轩内七七八八地坐满了人,有对着歌谱架拿着麦克风唱歌的,有坐在廊边拉琴的,还有站着攀谈的。轩外大树下也站满了人,有对着歌谱架支好了架势做好了准备的,有歇于景石边聊天的,凑近一看，歌谱架上个个放着一个大歌本，赫然的大字写着：老莫合唱团。一位老人告诉我这是老年合唱团要在此唱歌，周二和周五在这里，周六"在那边"，老人往东南方向顺手一指。我大致明白了，问可以翻翻他的歌谱吗，老人欣然同意。我翻了翻，里面的歌儿可真多啊，"二字头，三字头……九字头"，《天边》《芦花》《草原恋歌》《乌苏里船歌》《阳光路上》……随便翻开一页，都是优美的歌词：

天边

天边有一对双星，

那是我梦中的眼睛；

山中有一片晨雾，

那是你昨夜的柔情。

我要登上登上山顶，

去寻觅雾中的身影，

我要我要跨上跨上骏马，

去追逐梦中的星星，

……

阳光路上

走过了春和秋，

走在阳光路上，

花儿用笑脸告诉我，

天空多晴朗，

多少追梦的身影，

奔跑着拥抱希望，

一路同行的人们，

心中暖洋洋，

……

芦花

芦花白，

芦花美，

花絮满天飞。

千丝万缕意绵绵，

路上彩云追。

追过山，

追过水，

花飞为了谁？

……

见我有兴趣，翻完了这一本，老人又要从包里给我拿另一本，说："这还有一歌本呢。"我对老人说我该上班了，便微笑着离开了合唱团，如果不是时间的关系，我真想坐下来听他们演唱呢。有歌相伴的生活，是多么美好！祝福这些老人们！

三

去国家图书馆看"从莎士比亚到福尔摩斯：大英图书馆的珍宝"展，又经过紫竹院。一进门，就看到正对面竖着一块中国国际图书贸易集团公司工会的易拉宝，上写"我运动，我健康，我快乐"。看来又有单位在这开展健步走活动了。

紫竹院是大家的福利，周边的单位、居民无不受惠于它，退休的老人在此唱歌聚会，中年男女在此跳舞、跳操，孩子们在此玩耍、喂鸽子，上班族路过在此健步、欣赏花草、呼吸新鲜空气，周边的单位、机构则经常利用这个"地利"的条件在此举办健身活动。我们单位每年一度的职工健步走活动也是在这儿举行，上次是去年秋天，进门领取一张小票，然后按照既定路线或者任意走，中途拿着小票要到指定地点盖戳，走完一圈之后，交回小票，盖了章的小票是领取纪念品的凭据。我由于工作关系出差较多，常常错过这项活动，在这里上班十年，去年还是第一次参加这个活动，领了几瓶洗发水、护发素回来。走出大厦，亲近自然，我看大家个个喜气洋洋。

正午的阳光无遮拦地普照下来，洒在身上可以用"热"来形容了，但紫竹院是个清凉的园子，处处是大树，处处是荫凉。右侧小河与小桥的旁边，一棵大雪松墨绿的松针层层地铺展开去，伸向天空，将阳光遮得密密实实，前方几棵银杏树翠绿的枝叶连在一起，只有斑斑点点的光影投射下来，闪闪烁烁，灵动游移。树下一众人马，在一位女士的指导下在跳交谊舞，旁边的椅子空着，我忽然有了停下来的冲动，于是坐下来小事休息，沉湎于那一刻的惬意。眼前的人来人往中，我分辨不出哪些人是参加健步走的员工，融入这个园子，便没有了标签，没有了分别，和这里的花草、众人融为一体了。

蓄足了能量我继续前行，我没有忘记我的目的地——国家图书馆。

在紫竹院东门，我看到一位身材高大的老外，边走边将脑袋扭向这里的"绿毯诗韵"大草坪，然后停下来，在山茱萸的牌子前拍了拍照，往门口走，这时我想：他也是要到国图看展吗？他也来自莎士比亚的故乡吗？

恍惚间我也出了东门，走向国图，进入另一个世界。

这是一个令人震撼的气场。从莎士比亚到福尔摩斯，我看到莎士比亚生前出版的第二版四开本以及此后不同版本的《罗密欧与朱丽叶》，脑海中再次重现那感动了全世界的悲情唯美的爱情故事；看到女作家夏洛蒂·勃朗特的《简爱》，女主人公自尊、自立、自强、不甘屈服的形象再次出现在眼前；看到拜伦写在大开本笔记上的《唐璜》第六、七章手稿，其间，不时地看到涂涂改改的痕迹，仿佛诗人还在，如墙上的照片一样年轻英俊；看到柯勒律治写在便笺纸般大小的小本子上的他最著名的诗歌《古舟子咏》，诗中的水手和他噩梦般的航海故事都定格在大英博物馆的收藏和此刻的展览中；看到威廉·华兹华斯彼时交予出版商的他的代表作《我孤独地漫游，像一朵云》原稿，一行行，一句句，见字如面，只是不知道此时的诗人漫游到了哪里；看到本杰明·布里顿用铅笔手写的《仲夏夜之梦》歌剧缩写谱，那跳动的音符仿佛刹那间于这个展厅里奏响……

整个展厅安静，深沉，弥漫着时光的肃穆感。

作家的手稿还在，从那涂涂画画的字迹里，从那或泛黄或褪色的纸张上，仿佛尚能感到其温热的呼吸，然而时光飞逝，一切转瞬不再，唯有这些不朽的杰作承载着他们的生命和呼吸在此时世界的任一角落里复活。

文化穿越百年。等我返回时再次经过紫竹院，我的脑海便全然地沉浸于展览的回味和无尽的思索中了。

2017 年 4 月 21 日，星期五

同频同在，同欢同喜

今天周末，想起紫竹院的紫藤花，忽然有画画的冲动，于是在盘子里挤了些颜料，铺开卡纸，拿起笔开始画。抛开了以往课稿的记忆和临摹的范本，这次直接凭借头脑中的物象开始"创作"，一口气画了三幅紫藤花：一幅深紫，一幅淡紫，一幅淡粉。同样的小花，不同的姿态、色彩和感觉，而欢喜始终在纸上流淌。艺术是一种主观的创造，是受内在支配而重建的一个奇异的世界，表现的是内在的物象、情绪与感觉，这才有了苏东坡的朱竹，郑板桥的墨竹，有了凡·高恣意渲染、不可扼制的热烈的向日葵和幻化曼妙的星空。而这一切，又都是内感外应的结果，依托的是艺术家对生活的无尽热爱、对美的无尽追逐以及物我的时刻融合与因应，信手拈来之中，是融于一体的喜悦和舒畅。

兴致被勾引起来，忍不住又涂抹了几幅其他美丽的枝枝叶叶、花花草草——这都取材于紫竹院，有绿云轩银杏树旁的蔷薇花，有紫竹湖西侧和小土山上正在盛开的黄刺玫，有莲桥对面热情似火但叫不出名的片片红叶……笔墨未必老到，但溢满了欢喜。此时的我，也已不再刻意地去追求程式、范例或规矩，而是顺应内心，一任内在绚烂的色彩在卡纸上挥洒、流淌。是的，我并不是为了做画家而画画的，而是有一种情愫，难以抑制，有一种色彩，闪耀而出，我无法阻挡它，无法改变它，只能顺应它，任其所是。我抛开了画家的条框，抛开了色与墨、技巧与技法，抛开了一切的追求与目的，快乐地徜徉其间，与之融为一体。这便是它全部的意义。

而来自大自然的灵感取之不尽，用之不竭，大自然是最伟大的老师。很多艺术大家和艺术理论家也都说过"造化为师"，隋朝姚最在《续画品》中提出"心师造化"；唐代张璪提出"外师造化，中得心源"；五代荆浩在《笔法记》中倡导"度物象而取其真"；清代画家石涛讲"搜尽奇峰打草稿"；明代王履在其《华山图序》中说："苟非识华山之形，我其能图耶？……吾师心，心师目，目师华山。"这都是讲师法自然的重要性。山水画如此，花鸟画亦如此。当代花鸟画家徐湛先生讲：书法、书籍和写生是中国画创作的三项基本功。其中写生强调的也是要亲见实物，烂熟于心，而后才能摹写生动。脱离了自然，便成了无源之水，无本之木，就艺术创作而言，离开了这个丰富的大课堂，便成了闭门造车，终有枯竭的那一日。

紫竹院就是我的课堂，它不仅可观可摩，可感可触，而且千变万化，日日不同，就如我们的心情，我们的生命，自然灵动，舒展不拘，与阳光、与自然、与草木，同频同在，同欢同喜，雨雪风霜，如其所是。

下周在外培训，几日后才能再与它相见。

2017年4月23日，星期日

生命之美,因应感通

　　我发紫竹院的图片,说想念那里的花花草草了。见我如此喜爱和留恋这个园子,朋友说:"喜欢,将它买下来吧。"说者也许无意,而我闻听此言却有些激动,令我激动的不是"买下"(当然,我也不可能买下),而是无法容忍这个园子为我独有。经过了紫竹院的日日熏染,听惯了这里的鸟鸣人声,今天,我已无法想象和体会独占的快乐,无法想象一个人守着一个大园子,将众人排除在外,又有何快乐可言?所以我说:"那不必,同时也喜欢这里的人文景象和容纳万有的欢乐气息。独占,失于偏狭。人与自然,共同构成了这里的美。爱这儿的宁静与热闹。甚至,这里的人,是更美的景致。若是一个空空的大园子,恐怕只有恐惧，也失去了分享的乐趣。所以有时候觉得，私占真的是一种罪恶。这是一个包容的园子，在不同的人那里有不同的美，是这些热爱它的人们不断地丰富和完善着它的美，使它更迷人，更有人气和生机。"这是我的肺腑之言。紫竹院，如果没有了人，没有了斑斓的人文景致，必将失去它应有的魅力。我爱紫竹院，是爱这个园子里所容纳的一切，那是万物相融相合的一种愉快的气息。

而说过让我买下的，还不止这一位朋友。几年前的某一天我上班路过紫竹院公园，看到许许多多的市民在树荫下愉快地晨练，喜鹊迎着朝阳在林间跳跃，一时我难掩欢喜之情，随手拍了一张照片发到微信朋友圈分享，感慨没有哪一个公园像紫竹院被我理解得这样深刻了，我越来越爱这个园子了。不料一位从事书画的朋友——某书画院的院长在这条信息下留言说："喜欢把它买了吧。"听口气财大气粗，由此意外地引发了我与他的一段对话，我说："不要占有，惠及更多的人，它才更迷人。而且国家资产也没人卖你呀。"他有不同意见：国有资产流失的还少吗？很多国营企业都改股份制成私营企业了。我说，这就是占有欲吗？如果真让你一个人守着个大园子，你真会觉得很美吗？结果他得意地说："俺的园子在蒙山比这美。"我一时语塞，心中霎时亦掠过一丝怅然，我不识时务地对他说："大自然有无限的美景，它本就是属于大自然的。被我们圈起来占为己有的，是太小的一部分。事实上，没有人能够无尽地占有，占有所满足的私欲的快乐也是有限的。"接下来我们都沉默了，想必那天的对话彼此间都不是太愉快。在纷繁的世事和聪明人面前，我的确还只是一个单纯的书呆子。

而紫竹院，时刻都在吸引着我，我总是说："没有哪一个公园被我理解得像紫竹院一样深刻。越来越爱这个园子了。"这是真心话。像回复别人评论时说的那样：是在这浸泡的时间太多、介入太深、内容太丰富了，每天都有不同。这是个既出世又入世的地方。我是在这里，体会到人与自然的因应感通，也是在这里，真正发现花草树木乃至人类的生命之美。何况其间还夹杂了很多温暖的人文境遇及很多不同的心情。所以我对朋友们说：穿过，不要绕过，你会爱上它。

是的。它已不是一个公园那么简单，更不是一个私狭的独占者能够体会的。

2017 年 4 月 28 日，星期五

满架蔷薇一院香

一

培训外加"五一"小长假,一晃一周过去了,一周未来紫竹院,"五一"假期里我就在想:紫竹院的蔷薇开了吗?紫竹院的月季开了吗?似乎有一种感应,隐约地感觉到此时应该是它们的天下了吧?今天,我要与它们见面看个究竟了。

多日不见的园子在我的脑子里充满了新奇,别忘了,春天就像魔法师,每一天都可能变出新的花样来。

刚走到东门口,就看见天上几只喜鹊铺展着大翅膀,在树梢间飞去飞来,给人撒了欢儿的感觉,更增加了我快一点儿进去看看的急切感。

此时我的头脑中像过电影一样，尽情地搜罗着有可能给我带来惊喜的花花草草。蔷薇和月季是必看的，它们长在园子的最北边，除蔷薇和月季外，红王子锦带是否也该醒来了呢？它总是比淡粉色的锦带花晚开那么一段时间。想到这儿，我自然地向左转去，我知道它们长在园子的南边。但走了没几步，却意外地看到一大片白中透黄的淡雅小花团团簇簇地伸展过来，朝阳下开得那么娴静，又那么欢喜，调皮地挡住了我的道路，可我一时竟忘记了它的名字。我并不急于知道它的名字，我要在它面前停下来，跟它好好地照一个面儿，与它互致问候。

而此时，旁边的牡丹已经凋败，前几日的光鲜已经全然不见，在退去的人潮中，它已经在等待来年了。和天生扎眼的牡丹花相比，眼前的小花虽然也用尽了全部的能量在恣意施展和绽放，但却没有引来太多关注的目光。它知道，自己不是为赢得旁人的目光而来的，因此它开得简单明快，喜气洋洋，刹那间我也被它的快乐感染了，和它一起微笑。

再往前走没几步，红王子锦带也意外地出现在了视线中，原来它们也无处不在，平时，怎么就没注意到呢？它躲在巴山木竹的旁边，也习惯了团团簇簇地开放，在那一团一簇之中，是密密麻麻的无数个花苞，有的伸着长长的脖颈，有的探着好奇的脑袋，有的张开了一点点小口儿，从里面露出细细的蕊丝，给人留下无尽的想象。看它开得如此鲜艳，红得如此热烈，我在想：它为什么叫红王子呢？每一朵花的名字都是人类赋予它的，这个名字它自己会喜欢吗？

呵呵，不管了，花儿其实不在意。我得去找我的蔷薇和月季了。于是先奔蔷薇的方向而去。

我的蔷薇花，早已在那里等我了。一开始它还和我捉迷藏，在我最先看到的那一丛里，花只开了三五朵，而且高高地开在枝条的最上面，像是引诱但无法接近。近处还都只是毛茸茸的绿色小花苞，虽然繁密，但隐藏在绿叶中并不显眼，偶有一两个隐隐地露出一点红，给人一点愉快的幻想，但并不像我想象的已然开遍。我有所犹疑，绕过去又走了两步，陡然看到旁边的另一丛已经开得星星点点很是热闹了，那大大小小欣然绽放的花朵粉中带红，在繁茂的绿叶衬托下十分悦目，或全开或半开，娇嫩而又妩媚，真有点"满架蔷薇一院香"的意思了。它没有牡丹的雍容华贵，也没有玫瑰的深情凝重，却有着由内而外的先天浪漫。它不是大家闺秀，而是小家碧玉，小心翼翼地依托着繁复的枝蔓，如撒娇的女孩儿躲躲藏藏，明丽中带着天真与烂漫。它每一片花瓣上的颜色都被晕染得恰到好处，明快又淡雅，欢喜又娇柔，不像牡丹，无论如何你都无法将它归入庸俗的一类。单看那些密密匝匝的小花苞我就知道，它暗暗地还憋着一股劲儿呢，再过一天两天或者三天，它还要带来一场更为盛大的花事呢。嘘！此时它秘而不宣。

看到了蔷薇，内心顿时有了一种安然的感觉，像是放下心来，再去看望月季的时候，心情已是舒缓而又舒畅了。当然，那几株月季花就长在园子西面榆叶梅的旁边，攀附在那一处庭院的铁栏杆上，那也是我十分熟悉的，不出所料，它也开出了黄色的花朵，静静地在那里等我了。

值得说一下的是，在探望月季的途中，我在长廊边又见到了刚进紫竹院时在东门口看到的那种灌木小花，白中透黄，或粉中透黄，几株连成一片，便显得更为好看。看到两位大妈对着花儿拍照，我也凑了过去，一边将镜头也对准小花儿，一边嘟哝："这是什么花啊？"没想到其中一位大妈还真知道，她说："猬实。它的种子像刺猬，所以叫猬实。"哦，想起来了，猬实！我以前忘记了在哪看到过它的牌子，牌子摘了，我就一时想不起来了。而现在，我又记住了一种植物。

二

不得不提的，还有满地满坡的野菊花。草坪上，沟渠边，蔷薇花下……

那不是谁栽种的，凡人之手栽出的花朵无法如此自由无边，无法如此天真烂漫，在它们的身上，没有明显的条条框框，没有被浇灌和栽培的迹象，亦没有被教化的痕迹，披着自带的光彩挣脱土壤，不管不顾地恣意释放着天然的野性、欢乐与好奇，欣欣然地打探着这个世界，和万物一起接受阳光的照耀，然而它们笑得更欢乐，更纯真，更无挂牵。

这些小花千百年来就一直在这里了吧？世世代代它都与人类作着不同的感应吧？因为，从它那抹明亮的色彩中，我看到了几十年前，在我读初中的时候我就曾将它写入我稚嫩的作文里，那时候它的那抹明亮就将我深深地感染了，以至于因应到今天。刹那间我竟然不知道时空中究竟隐藏着怎样的联系和秘密了，有些东西如线索般时隐时现，但一直不断。或许，我们真的也不必思想太多，顺应自然，一切都将奔向它最好的去处。

当然，除了野菊花，这个园子里还有各种各样的小野花，蓝的、紫的、白的、红的，漫无边际无知无畏地开着。我知道，它们之中的一种两种或者三种，肯定在《诗经》中也曾出现过。我之所以提《诗经》，是在我的印象里，唯有《诗经》的单纯能够与大自然的植物相提并论，给彼此增色。穿越了千年，然而，我叫不出它们的名字。然而此时，我回到了《诗经》的意境中。

三

还有，那不容忽视，又不忍提起的洋槐花。

早在至少半月前，紫竹院的洋槐花就开了。每当走在园子南面的小河边和小山坡的道路旁，或者西南门外的天桥上，洋槐花的清香都会幽幽地袭来，仿佛记忆又慢慢地浸上心头。那时我会仰头望一望，看着这白色的小花一串串一簇簇地挂在枝条上，在风中轻轻摆动。洋槐树是最易勾起我回忆的树，每次看到，我都会回到童年，回到开着洋槐花、弥漫着洋槐花香的姥姥家的院子里，回到姥姥煎的洋槐花的美味里……今年清明节，我又回到了那里，姥姥家的小院儿还在，而姥姥和姥爷已经不在了，院子里带着无尽爱意与回忆的洋槐树也不见了踪影……

时光不再，只留下了记忆与感伤。

眼下已经进入五月，一片片的洋槐花瓣在风中不时落下，仿佛在表达着某种伤感的意绪，淡雅的小花年年开落，唯独时光不可追回。

2017 年 5 月 2 日，星期二

互感互应，宁静欢喜

看惯了这片草坪，没想到我还会被它深深地吸引，而一切只在于那一瞥。

今早当我如往常一样漫步至草坪东北侧时，不经意间将目光转过去，意外地获得了与平时不一样的景致和视角，几棵古老而又高大的雪松肃穆地站立在草地中央，似根须般沉稳的松枝在草地和天空之上支起一片阔大而又幽深的境界，恍惚间我仿佛看到了电影《阿凡达》中的仙境，呼吸即刻放慢，视线定格，脚步停止。多少年来，我怎么不曾发现老松树如此安详、如此迷人的神态呢？遒劲的松枝盘根错节，垂落到绿草地上，仿佛带着千古的能量和气息，又若仙人捋着胡须笑眯眯地静度时光。而这个时刻，不便做过多的遐想。唯有和老松树一起沉浸，一起冥想，以自我新鲜的生命，去感受它的气息与能量。

而在不远处，是被称作古老树种的水杉和六棵被称为"活化石"的高大的银杏树，一样的枝繁叶茂，一样的葳蕤昌盛，闪着光的叶子被飞来飞去的花喜鹊拨弄得哗啦啦响，刹那间我不知道它们究竟是从远古走来，还是只在今晨特意为我、为鸟儿展示这片亮丽的风景，我的周身仿佛也充满了能量。有一种声音冥冥中总在传递着，那一刻我仿佛隐隐地听到了，以至于这样一个早晨，我哪里也不想去了，我要守着这片草地，这些树木，自由驰骋，静心冥想。我想和鸟儿一起飞，从雪松飞向银杏，从银杏飞向水杉，从过去飞往当下，从当下飞向未来……

我不知道，是否还有比这更加幸福的时光。遥想过去、未来，遥想千山万水走遍，于当下，于这个近在咫尺的园子里，忽然有了一种强烈的感悟：与其天涯羁旅，不如安心此园。

时光，难道不是用来享受的吗？脚下，不正是一片安详的乐土吗？

紫竹院，的确是一片上好的福地，是我的启示和灵感之源。

待我漫步至紫竹湖边，在那块"公园是我家"的大宣传牌前，我看到一位先生手持绢扇和毛笔，对着大牌子在作画，脚边放着一个拉杆书包，地上堆了些颜料笔筒。我走到近前，驻足欣赏，只见先生的扇面上画有一枝荷花、两只燕子，此时他正对着宣传牌上的竹枝背景图添枝加叶。而在宣传牌的背后，就是葱郁的真竹子，刹那间心生疑惑：先生为何不对着眼下的实物写生而对着一块大牌子上的画作临摹呢？这位先生见旁边有人，下意识地挪了挪身子，表现出一丝不安，见状我也就不便再打扰了。

而这个园子里，路边的小花依然在绽放，每天都有细小但美好的事情发生。

离开此园去上班的途中我把紫竹院粲然绽放的小花发到朋友圈并配文：踏遍人间是非地，方晓无知最粲然。不同的心境，可能会引起误解和歧义，有朋友留言说：放轻松，心无欲，纯天然，爱谁谁。她不知，这感慨并非由人间是非引发，而重点全在"粲然"。人间是非面对自然的博大宽广显得那么渺小，小到想不起来提及。所以我对这位朋友说："正向理解，亲。每天接受花朵、自然熏染，由衷欢喜感激。"而由此，不知道为什么也一下子打开了我的话匣子，想收也收不住了，我接着对她说，又像是自说自话、自言自语："紫竹院，就是一片上好福地，是我的启示和灵感之源……天天经过，天天欢喜，生活的美，就是从这里开始的。不觉得这花由衷粲然吗？而我，冥定般每天与之相遇、相见。内心是一样的欢喜，一样的粲然。万物皆有内感外应，有一种喜悦，由内而外。人如花草，在每日的淬炼中日益纯粹和欢喜，那是弥漫了生命的大欢喜。"意犹未尽，我接着说："从花草和自然变化中，日益领略和感应到无知、本真、本然的美和意义。互感互应，互交互融，宁静欢喜。我们真应该去掉繁复、顺应天道地去生活。"

我知道,不是所有人都能听得懂这些话。我也不急于让每个人都听懂它。那是我与大自然心领神会的秘密。

当然,如若不曾阅尽人间是非,大概也无法领略无知的纯然与欢快。我不知道,这同佛家的看山是山,看水是水,是否有着一丝的关联。

说完此番胡言乱语,有人评论说"才女"——那亦是误解。心理感应,粲然欢喜,这与"才"无关。不仅无关,或许还是与之相悖的。

见我天天发紫竹院的信息,朋友说她也想来看看呢。这是一个好主意,但与紫竹院素无瓜葛的朋友来到此园,又会是怎样的感受呢?一个人的感情、感悟、感怀,不是凭空而至,我对她说,我对紫竹院的感情,是经过三四年的麻木之后才逐渐培养起来的。一开始无动于衷,并未领略到它的好,日日浸淫,才有了今日的难舍难离,"它成了一个我离不开、离开了会想的园子,成了我生活的一部分。"

2017 年 5 月 3 日,星期三

多少楼台烟雨中

上班前的一个小时里,我一个人坐在办公室里读鲍尔吉·原野的《从天空到大地》,当读到鸟儿的那一章,"它们一遍一遍抚摸着城市的天空,仿佛这样可以把天擦干净,把梦想还给期待者",我在空白处批注:此时的北京,又已是"多少楼台烟雨中"了。

这也是今天我没有去紫竹院的原因。

被污染的空气已经将我、将这个城市里的人们与大自然隔绝了。这样的天气里人们无法到大树下锻炼,无法在花草前自由呼吸,无法与大自然自如地交换能量信息,而是戴上大口罩,纷纷躲到了该躲的地方——就像此时的我,闻到呛鼻的土腥气,在屋子里也不得不戴上大口罩了。据说，正是人们无视自然，无视天赐的自然之道，与之作对，与之相悖，过度掠夺和索取，才遭遇了如此的报应，被迫生活在挥之不去的雾霾和悲哀之中……

我站起身来隔窗观望紫竹院，平日明媚妖娆的园子此时于漫天的尘土中已是若隐若现了，湖不见了，远处的树也已模糊不清，混沌沌一片，有种憋屈的感觉，近处的杨柳于尘埃中变得虚幻起来，看上去亦无比忧郁。都市中的一园之力，终无法抵抗不均衡的发展带来的负面效应，无法抵抗膨胀的欲望在人们内心激起的忤逆自然的罪恶冲动。

在被雾霾包围的烟雾缭绕的时刻，我们真的该醒来了。

2017 年 5 月 4 日，星期四

明媚的园子，我的花

今日立夏，而气温却比昨日降了10摄氏度，大风伴着扬沙，持续着昨日的沙尘天气。本来戴好了口罩，脑子中闪现了去看看紫竹院的蔷薇花的念头，但出了地铁，一丝凉意扑来，直接坐进一辆出租车奔单位了。

本以为今天又要与紫竹院擦肩而过了，但在办公室坐着的当儿，听着窗外呼呼的大风，眼前的景致却感觉一点点地清晰起来了，对面西直门的三座椭圆形大楼在尘雾中一点点地显现出来，再看天空，有清新的蓝和洁白的云朵飘来了，向头顶一点点地移动，立起身再看紫竹院，湖水和四周的绿柳又能分辨得清楚了。我打开窗户，给封闭了两天的空间透透气，这时太阳也出来了,将窗外的园子照耀得再次明媚起来,到了中午,我还是出去走走吧,去看看我的蔷薇,我的猬实,我的野菊花。

2017 年 5 月 5 日,星期五

重建的古迹，意外的发现

在公交车上看书看得投入，一抬眼，坐过站了！刷完公交卡站在门边，眼看着公交车快速经过紫竹院，内心未免掠过了一丝焦急和遗憾……

然而歪打正着，从白石桥站下来，过了地下通道，顺道我向紫竹院的南门走去，不仅没有浪费我太多的时间，还使我有了意外的发现——多日不从南门进来，我看到这里多了一座建筑——双林寺塔遗址。遗址不高，所谓的双林寺塔，在我看来也只是一个象征性的塔座，由灰砖砌成，后面北侧有青草覆盖、树林环抱，很难引起人们注意，难怪多次经过，竟然不曾发现这处重建的古迹。

去年在紫竹院行宫举办的"长河·紫竹院"历史文化展上曾介绍过双林寺塔：

> 双林寺塔遗迹位于紫竹院公园南门内。明朝万历年初，权宦冯保于西直门外建一家庙，并以自己的号命名"双林寺"。后冯保获罪被贬，双林寺归于皇室所有。
>
> 据工部侍郎王槐撰碑记载：梵僧足克戬古尔传教自此，见地势灵秀，松木茂盛，遂憩息松下，其后一月不食，默诵密咒。慈圣皇太后与皇帝听闻，赐寺名为"西域双林寺"。
>
> 寺内后院为塔院，建密岩实心砖塔一座，坐北面南，塔身八面七层，南门上额为"藏经塔"，旁注"万历四年造"，塔旁有一丈多高的土石山，绕塔环山种植了很多朱樱。
>
> 双林寺经历四百多年时光几近损毁殆尽。仅存的藏经塔也于 1975 年因塔身开裂而被拆除。

眼下的遗址由石栏围着，只见塔座不见塔身，有开放的入口可以进入，进到里面，透过玻璃往"塔"里望，也是空空如也，随时光流转，早已物是人非了。而重建的意义，或在唤起人们的文化记忆。我向往来的游人打听，这个遗址是何时修建的？有人说不清楚，有人说是去年 10 月，后经多方探究，我发现海淀区文化委员会早在 2015 年根据北京市文物研究所出具的考古报告和北京市古代建筑研究所的专家意见以及相关规定，就曾发出公告,将紫竹院双林寺塔遗址认定为"未列为文物保护单位的不可移动文物"。那么,它最晚也是在 2015 年建成的喽?或许,是跟紫竹院行宫和紫竹禅院一起修建的?

从遗址出来,我像往常一样穿过草坪,向紫竹院深处走去……

2017 年 5 月 9 日,星期二

漫游，沉淀

今天，只想在这个园子里散步、漫游，像爱默生，像梭罗，散步、漫游成了生活的本身。而今天，就是这样的心情。

也许是近几日太过忙碌了，我需要到自然中，到花草中去沉淀和静心。

"呱呱呱呱，呱呱呱呱！"刚走两步，就听到头顶热闹的鸣叫，抬头一看，银杏树繁茂的枝杈上一只花喜鹊正在起劲儿地欢唱，"呱呱呱呱，呱呱呱呱！"再看，更高处的几根枝杈间，另一只喜鹊在和它欢快地唱和，刹那间给沉郁黯淡的心情带来几许明快。

而此时的天空中还飘荡着"咕咕——咕咕，咕咕——咕咕"，或许是布谷鸟的声音，高大的树丛和茂密的枝叶间看不到它们的影子，而这歌声却似乎要传遍整个紫竹院。过了一会儿，又听到"咕咕咕，咕咕咕""咕咕咕，咕咕咕"，近处唱一声，远处和一声，好像是同一个族群的小鸟儿在做着深切的呼应。

莲桥的矮竹间，小麻雀跳来跳去，似乎比平日更显活跃。我不知道今天是个什么日子，空气中流露着这么多的欢喜。

绕过小桥走到长河的对岸，头顶传来"叽呀叽呀，叽呀叽呀""啾叽叽啾叽叽啾叽叽""啾啾啾啾，啾啾啾，啾——啾啾啾啾，啾啾啾，啾"，俨然一部鸟儿大合唱，清新婉转，内涵丰富。然而抬头，依然看不到大自然的歌唱家们，唯有河边的白杨树在微风中婆娑着翠绿的叶子。受歌声感染，我的心却悄然地跟上了这愉快的节奏，陷入幸福的遐想。彼时的脑海中什么都没有了，心也顿时安顿了下来。

今天我从最东面向北走，刚刚到那片幽静的小竹林，就看到一只黑猫咪待在竹间小径翘首以盼——它显然不是在等我，看到我过来神情麻木，依然呆呆地望着前方——我知道，它在等那位天天来喂它们的老人。在猫咪们的心中，老人恐怕已经成了它们的亲人。

我继续向前，清早的小径异常清幽，空气像是静止了，偶有几声笛音传来，将我的视线引向竹林深处、土坡之上、山石之间的小亭子上，隐隐地看到吹笛人的背影，头脑中却浮现打油诗：

盈盈翠竹绿,

幽幽小径深。

百鸟静默处,

但闻吹笛人。

我的心逐渐地沉下来,沉下来,思绪在悠悠的笛声里蔓延……

再往前走,忽然听到"哗哗哗哗"的流水声,循声来到友贤山馆西侧的水潭边,看到一股丰茂的水流从山石上奔流而下,给静滞了太久的小河、小潭增添了无限生机。旁边的老人们在打太极拳,缓慢的步履姿态与彼时我的心情亦异常合拍,驻足体会了片刻,烦躁顿然不见。

漫游至斑竹麓,看到转树的老人围着那棵不大不小的树在一圈一圈地转着,一种踏实安然的感觉扑面袭来——每次路过,都看到老人在此转圈,这是他独有的锻炼方式,而我每次看到,都颇感心安。

我想到银杏树下的椅子那儿看书。不料园林工人刚刚给旁边的竹子和花草浇过水,椅子是湿的,看着旁边盛开的蔷薇和五彩斑斓的小花,尽管有诸多不舍,但还是离开了,留下那些树下锻炼的老人们。

返回的途中,我看到一位年轻的园林工正往长河边大柳树的牌子上写字做标记，路旁另一位年纪稍大的园林工对着他叮嘱："53，别搞错啊！别搞错啊，53！"但不知为何，年轻的园林工写下的数字依然是"47"。护园的学问和暗语，大概是我不懂。而这里的每一株杨柳都被钉上了牌子，编上序号，注明雌雄，还有红的绿的彩笔在上面做的各种标记，可见在年复一年的好风景的背后，一直有人在默默无闻地工作着。

大路东侧池塘里的睡莲开了，洁白雅静。路的西侧，满池碧绿的长河水和两岸的树林花草连成一片，泛着微微的涟漪，岸边的坡地上开满了野菊花、牵牛花和不知名的紫色小花。在花丛中，我看到一只衔着树枝的小黑鸟，寻寻觅觅，蹦蹦跳跳，这是我从未见过的小鸟，我叫不出它的名字。而紫竹院，还有许许多多我叫不出名字的、见过或没见过的小鸟认这里为天堂。为帮助游客辨识鸟类，几个月前，公园还特地组织了一次观鸟、识鸟的公益活动，带领以小朋友为主的游览者寻鸟、观鸟、识鸟，和鸟做朋友。在我看来，这是一场别具意义的活动。鸟是我们的朋友，是美丽大自然不可或缺的一部分。

今日的漫游，使我心情舒畅。

2017 年 5 月 11 日，星期四

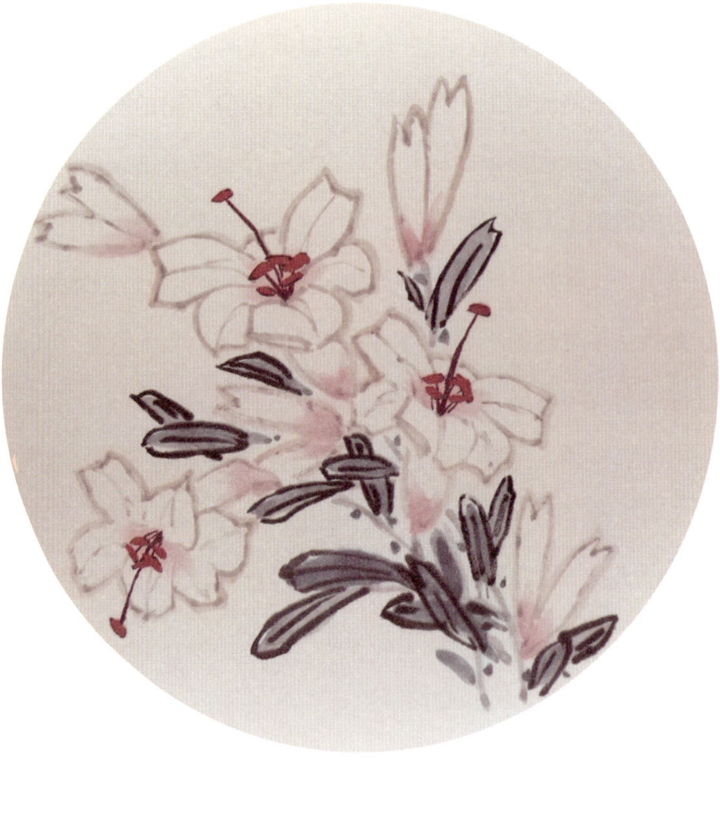

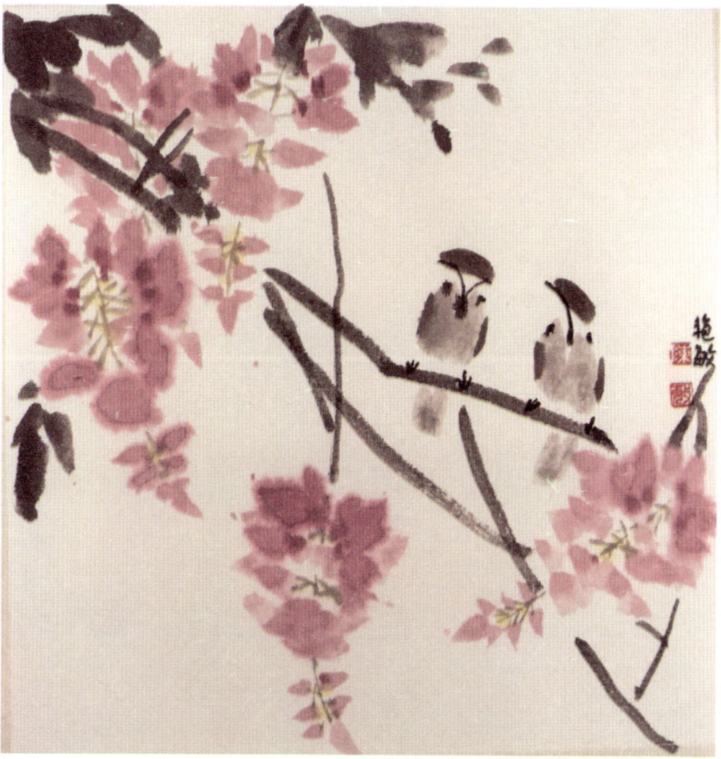
艳敏

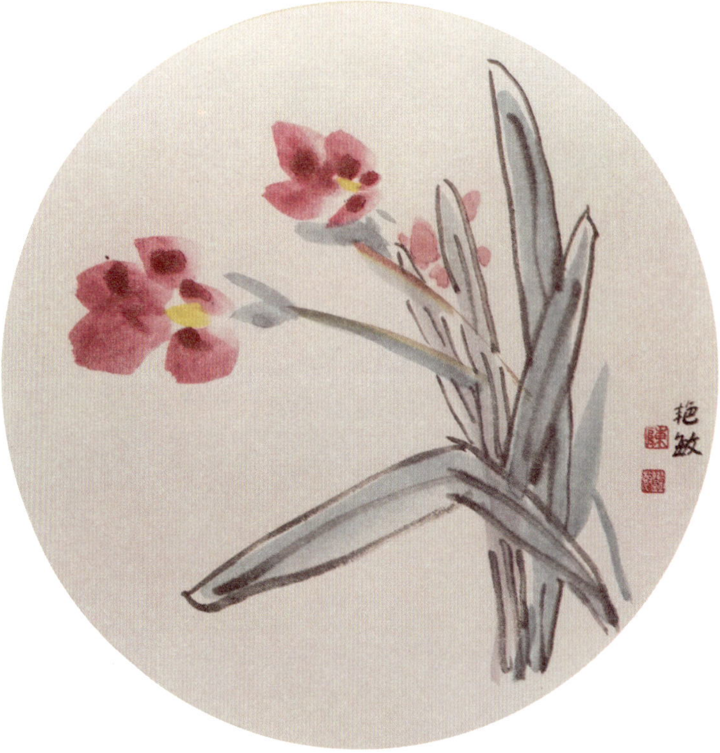

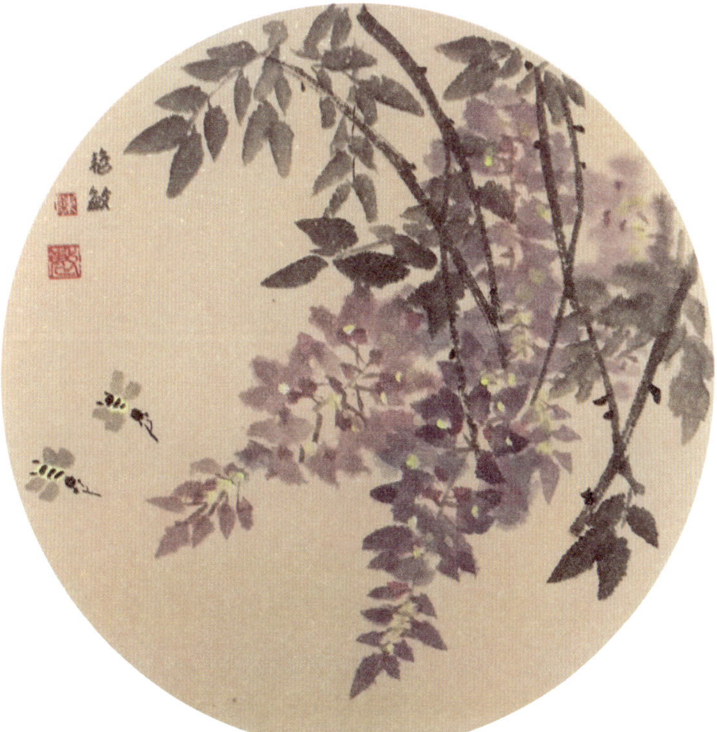

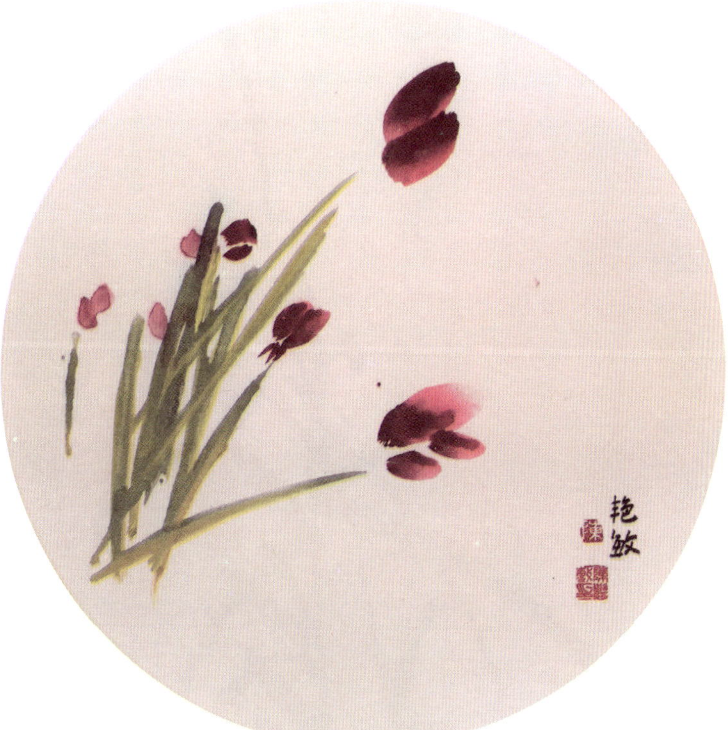
艳敏

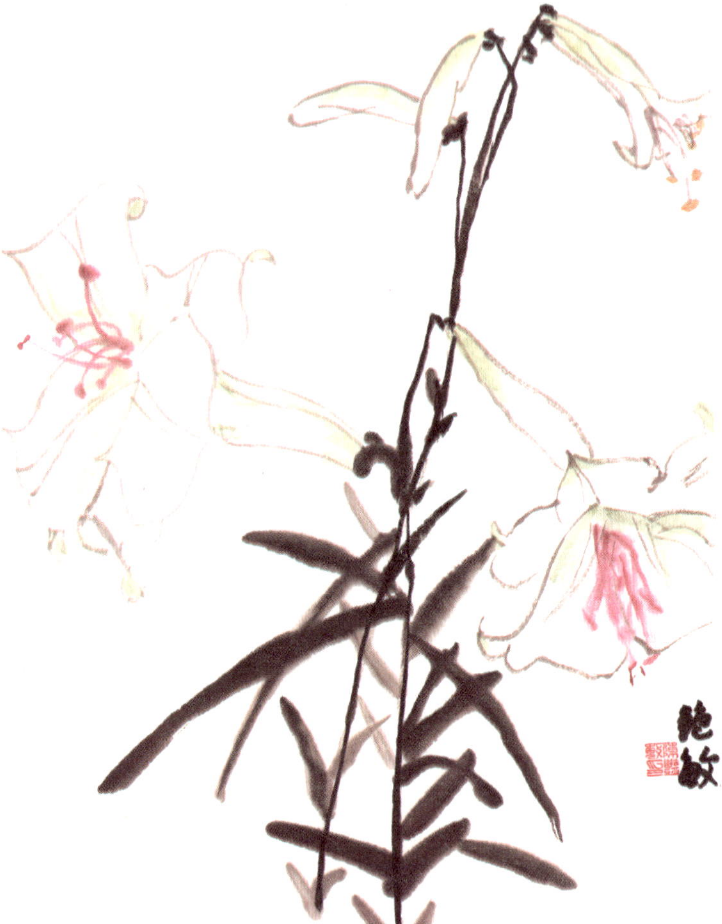
艳敏

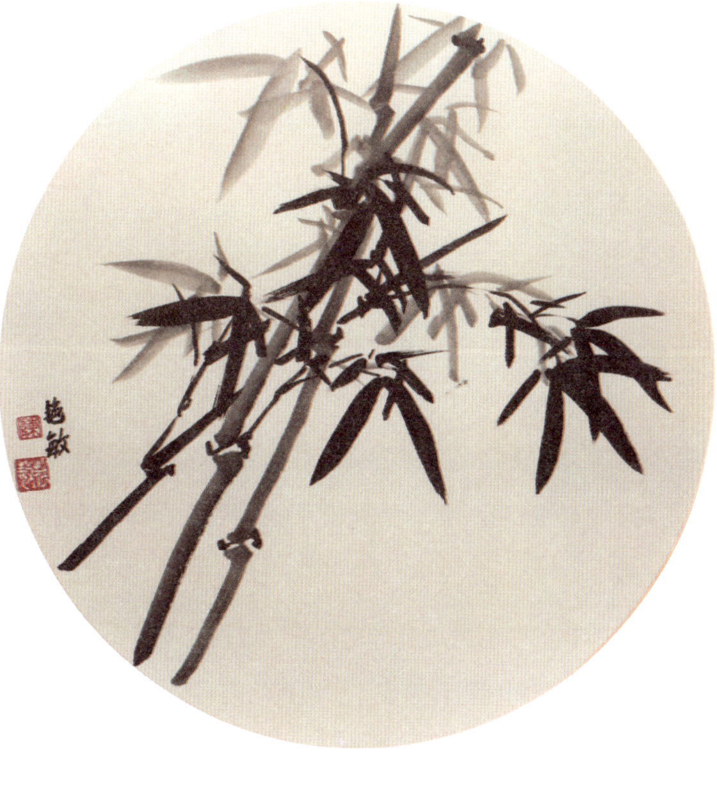

沉浸于泥土的芳香里

被女儿升学等诸多事务缠绕,这几天不仅十分忙叨,还有点儿安不下心来,很多的事情处于未知的状态,很是牵肠挂肚,耗费心神。

内心纷扰的时刻最适合来紫竹院。进到这个园子,融入四周的草木,刹那间便得许多安宁,纷扰的内心也逐渐地静下来,恢复了思考、欣赏和遐想的能力。那实在是一种幸福。沿小道静心片刻,或绕湖走上一圈,沉浸于泥土和花草的芳香里,安心又安然。

紫竹院,十年来不仅给予了我许多闲适快乐的时光,也曾伴我度过一些不安甚至烦恼的时刻。心事重重之时,我曾徘徊于此，对着湖水，对着大树，对着翠竹，对着小鸟，对着花开，对着花落。这里的花草、树木、小鸟，曾经知道我的每一个心事，每一点心情。我曾经像个孩子一样，那么信任地将自己袒露给它，无论是踌躇郁闷之时，还是踯躅彷徨的刹那。而这个园子于我，也分明是一个有情的世界。"一枝一叶总关情"，其每一个时刻，每一种表情，都有它独特而完美的意义，每天每天，我都在用心体会和领略。我与它，至今已是你中有我，我中有你了。

……

草木是一帖镇静剂。大自然是化解不安的过滤器。走过了紫竹院，经过了滤化的心灵重又清新明亮起来。

2017 年 5 月 15 日，星期一

重获往日的宁静

一

我的拙作——由山东文艺出版社出版的《书中岁月》《纸上情怀》昨天拿到了样书,今天我拎着几套书路过紫竹院去上班,远远地就被银杏树下跳操的一纵人马吸引了过去。站在最前面的,就是我们的领队和副领队。

今天周二,本来不是跳操的日子,但两位带着健身操队的一小拨人马在排舞。我停下来,在后面驻足观看,受音乐的引诱,忍不住也手舞足蹈,摇晃起了身子,虽跟不上新舞的步调,但大树底下,按照健身操的路数伸伸胳膊伸伸腿也感觉异常舒服。如此陶醉了许久，我忽然想起手里提的袋子，不知受一股什么样的力量指引，我掏出两本书，径直走到年轻副领队的身旁，拍了拍她对她说："这是我刚出的两本新书，我正好路过，送你和她每人一本做纪念。"我指了指正在忙叨的领队。"我天天跟你们一起跳操，太开心了。"副领队显然是没有想到，愣了片刻之后，笑眯眯地接过书："谢谢啊，原来你是个小作家！"小作家，呵呵呵——在"大妈操"的队伍里，我的确是比较"小"、比较年轻的哈！

离开她们，我拎着袋子继续往前走，手里有重物，不打算闲逛。然而，路边的翠竹还是时时地悦人耳目，参差的枝条不时伸向路边，给过往的人们带来许多情趣。与冬日相比，此时的叶子完全舒展开来，在阳光的照耀下婆婆娑娑，微微摇曳。竹笋又长高了一截，看上去有三四米高，有的已然长成了成竹，顶端虽仍被淡紫的笋叶包裹，"拂拂轻霜浮脆绿"，下部却已露出了几节青涩的竹竿，"披箨含梢欲成竹"了。

再看地上，泥土里，竹子丛中，钻出很多不知名的小花儿，黄的紫的，开得那么恬静，那么欣然。在茂茂密密的植被之中，还有许多小红果，我猜那是野草莓，洒在竹林之间，绿叶之中，甚是好看。在园子的北部，绿云轩旁边的蔷薇花下或路边的草丛里，偶尔曾看到有人采这种小野果，一低头一弯腰的刹那，更多也是出于对这种小果子的珍爱和对大自然的好奇。

大自然真的就是一场丰富的馈赠，每一个接收到它的人都充满了幸福。

二

下班需去学校接女儿，所以再次经过紫竹院。

傍晚的紫竹院清静而又安然，少去了平素许多的喧嚣。卸去了一天的职责与负担的我此时也异常轻松，不用再受公务的缠绕和时间的约束，不用再去追赶和焦虑，湖光树影中，心情和思绪自由地放飞，夕阳下，目之所及，一草一木仿佛都蒙上了一层闲适的调子。

我踏着紫竹院黄昏的节奏，慢慢悠悠地走着。经过紫竹湖，经过梅桥，经过早园竹林，经过八宜轩，看到轩前的荷塘已经长出圆圆的荷叶，漂在水上，或探出水面，俨然一副夏日光景，已经可以想象荷花满塘、舟橹轻摇的夏日盛景了。再看近处，睡莲繁茂的叶子彼此簇拥着，在水面托起一个个白色的花苞，或乍开了一点小口，或伸出了一片花瓣，将人的思绪自然地带到它即将绽放的明天。我走到水边，蹲下来仔细地看了看这些密密层层的小花苞，想象着不日以后一个盛大的场面……

有心情赏花弄草，实乃莫大的幸福，这在忙碌的日子里看得愈加清晰，体会愈加深切，难得今日片刻的休闲，使我重获了往日的宁静与美好。而当我漫游到大草坪的时候，眼前的光景更是激发了内心无限的幸福感，没有了游人的大草坪此时更加地宁静，呈现于眼前唯有盈盈的绿了，落日的余晖缓缓地斜照下来，给盈盈的草地洒上了一层柔和的光，绿荫如盖的几棵古木在草坪中央撑起了一片开阔、清凉的世界，那一刻于我内心勾起的，是无限的安详和温柔的爱意——我由衷地爱着这个有情的世界啊！

我情不自禁地驻足，不愿从这片安详中走出来……

2017 年 5 月 16 日，星期二

加入到大自然的循环之中

今日周三,该跳跳操了。

抬头,呼吸,银杏树的叶子就在头顶,有种与自身联结的感觉,刹那间自我仿佛加入了大自然无尽的循环之中。花喜鹊更加欢快地鸣叫着,几乎要成为和声了,或者结伴飞过树梢,窃窃私语,都是一幅欢乐的场面。近处的两只喜鹊则在大草坪上踱着步子,无忧无虑,蝴蝶飞过,翩然的姿态里亦有掩抑不住的欢喜。

无论对人对鸟儿,恐怕这都是最好的季节了,眼前呈现的是天堂般无边的绿——那是初夏特有的绿,清新中带着盎然的生机,将人的目光调试到最舒适的角度。立于树下,仿佛自身也变成了一棵树木，一株花草，尽情地吮吸着天地的能量和夏日的气息……伸伸胳膊伸伸腿，周身流淌的，是无尽的幸福感。

休息的间歇，副领队看见我，特意过来对我说："你的散文写得太好了！昨我留了一本，给了……一本。"她说的是领队，名字我没听太清楚。我也来了兴致："您留的哪本？回头我再给您带另一本。"并且悄悄告诉她，我在写紫竹院，她的脸上瞬间漾起了兴奋的表情："真的？！"

是的，是真的。我的心中也布满了欢喜。

……

这个世界，我真的不知道该如何对它表达爱意了，走过雪松，我忍不住摸了摸它伸展而来的枝条——咱们握个手吧！

而湖的南边，一树树黄色小花也成团地高调开放了，香气袭人，有人说是北京丁香，有人说是暴马丁香，而对于不懂花草的我，都是一样的美丽。

2017 年 5 月 17 日，星期三

回到原初的地方

一

漫游，冥想，是我在这个园子里最习以为常的状态。前些日子，我送给健身操队的领队和副领队一人一本新书。然而今天，我要将其凑成一套送给她们。

春夏秋冬，日复一日，紫竹院，已经浑然不觉地嵌入了我的生活，在这两本书里，也不时能看到它的影子。在《纸上情怀》第150页《园，人类的精神依傍》一文中，自己在解读陈子善、蔡翔主编的《园》时，竟也情不自禁地花了大量笔墨铺陈了自己关于紫竹院的记忆与联想。

……

那的确是一些幸福的时光和影像，在几页纸内无法穷尽。

在将书递到副领队手里时，与她作了简短的交谈：

"您不上班吗？"

"我做会计的，不坐班。"

"噢。"

……

平日里这些跳操的人们聚在一起，隐去了身份，卸去了负担，心境极为单纯，如果不是偶然的契机里这简短的交流，我依然难以想象还原到社会角色中的他们或者曾是财务室会计、公司经理、图书管理员抑或大学教授……此时的银杏树下，隐去职业、职务、年龄和履历的标签，他们是崇尚着健康、向往着美好、心怀阳光的人们，他们如期聚首，彼此交谈，更与自然对话，在音乐的节拍中自由伸展，使自我的生命回归到本有的愉悦、简淡与谐和，愈加地接近本然与本真，那是一种顺应自然、自如自在、平淡欢喜的感觉。而就在今天早上，我的头脑中还曾猛然间闪烁出如此的一个句子：穿越生活的樊篱与迷障，我们得以通透温暖地活着。生活，就是一场倾情的感激与赞颂，且行且歌。

也许，我们都曾不懈地追逐与奔跑，但有一天，我们停下来，沉静中陡然发现，一切原本就在那儿，就在此地，如此的发现让我们变得异常从容，我们的脸上心上，都布满了笑容。

无论走了多远，我们最终还是会回来的，回到原初的地方。生命是一场礼赞，自带光泽，原本无须我们去追求和寻找。

　　而在紫竹院的另外几处，不乏跳舞或打太极拳的老人，他们白发苍苍，但精神矍铄，步履稳健，在人生的暮年，依然散发着来自生命深处的热愿和热望，光辉和光彩，从他们的神态举止中，从他们的翩翩舞步中，仿佛能够看到他们或许平凡但却丰富、精彩的过往。生命也许本不具意义，而当我们赋予了生命以欢喜，生命便在当下具有了意义，欢喜的生命就是如此连缀而成，在每一个阶段，都有它深刻的美。躺在小推车里的婴儿，阳光下奔跑的少年，匆匆走过的年轻人，沿湖漫步的老者，无不让我们感到生生不息的活力。紫竹院，就是如此的一处让人有所依托、有所向往的地方。

二

　　漫游至去往水榭的幽静小道上，两侧翠竹摇曳，草木青青，更是有了一种吐纳的感觉，生命，时时更新。左侧的小林子我还从未进去过，有时路过，透过茂密的枝叶常会看到有人影隐约其间，想必是在锻炼，不忍打扰，所以望上两眼，匆匆即过。此次顺应自己的思绪，我怀着一点好奇沿小路进入，置身其中，再向四周望去，发现已被铺天的绿叶包围，原来这里又是别有洞天，俨然一片清凉小世界，世外小桃源。洋槐古柳，碧叶连天，层层叠叠但不压抑，清新的阳光洒下来，每一个叶片都闪着斑驳的光泽，轻盈而喜悦。小路的一旁有石桌石凳，是静心的绝佳地盘，但已有人占上，是一女士，安坐于此不知道是在摆弄手机还是在看书，并未要走的意思。我悄然停下脚步，斜倚栏杆，静心此处，顿感与世隔绝。

毕竟还是被俗务牵扯，流连良久，约摸快到上班时间，还是依依不舍地离开了。

三

途中我还要去看看紫竹禅院门前的七叶树。

从紫竹院公园的微信公众号上得知，紫竹禅院前的七叶树开花了。公众号上说："最近，您路过紫竹院行宫时，一定会被窜出行宫檐头郁郁葱葱的绿色所吸引，其间还夹杂着一簇簇的白色，夺人眼球。而当您步入行宫，更会被两株枝叶舒展、摄人心魄的大树所震撼。它们是一对七叶树，是两位刚过百岁的长者，它们身形挺拔、头冠饱满，用强壮的臂膀撑起了一片怡人的树荫……"我去过紫竹禅院，但未曾留心此树，这回我要一睹盛景，看个究竟。

公众号上说，七叶树又叫娑罗树，并不常见，多种植于与佛家有关的地方。我怀着恭敬心，来到禅院的大红门前，果然一左一右两棵大树，伸展着阔大的叶子，受佛缘福泽，长势茂盛，但奇怪的是，左侧的那棵繁繁密密地在开花，右侧的那棵却无动静，我不知道其中缘由，大概是造化不同，抑或是花期有早晚，契机不同吧。七叶树的花呈乳白色，状如佛塔，带着神圣感，而叶子呈手掌状，我走近数了数，分成七片，应了"七叶树"之名，远远看去，"如宽厚的佛手托着象征轮回的佛塔，为福荫紫竹院添了几分神圣与静谧。"但愿，也为有缘遇见的人们带去一份幸运和护佑。

2017 年 5 月 18 日，星期四

内心，深藏的眷恋

外出开会，中午坐地铁回来，经过紫竹院时，看到长河边站了很多人望向对岸。我顺着他们的目光望过去，看到对岸有人在钓鱼，那人正将刚刚钓上来的一条大鱼从鱼钩上往下取，这边的人群中有人说是鲤鱼，有人说是鲶鱼，我驻足片刻就离开了，对那鱼感到同情和惋惜。

再往前走，看到路边的臭椿下，一位白发老人在看护人员的帮助下，执意从轮椅上下来，拿着手机对准了满地白花花叫不出名的植物拍照，也许是蒲公英吧，我不敢确信，但我被这个场景感动，忍不住也停下了脚步，在老人旁边附和地赞美了一句："真好看！"老人将头转过来，会心地朝我微笑，那一刻温暖而迷人。一个人，即使到了白发苍苍的暮年，也依然深藏着爱美之心，深藏着对于生活和生命的热爱与眷恋啊。

如此在园子走着，不经意间我看到王康博士在朋友圈发的去英国著名的"皇家植物园"邱园考察的图片，宁静而有内涵，美到极致，与紫竹院刻意营造欧洲风情的"绿毯诗韵"大草坪确有几分相像。只是紫竹院的大草坪鸟儿虽可自由出入，却不让人随意踩踏，不然在绿毯般的青草之上，如盖的树荫之下，看书，休闲，也是一番美的享受。王康博士发的图片，其中一张是一位白发老者坐在草坪间的椅子上安静地看书，旁边搁着她的拐杖；另一张是被一棵大柏树遮挡了大半个脸的女士，树荫下休憩并与婴儿车里的小儿对望；还有一张是一年轻女士随意地坐在大树下的草坪上，专注地翻看着膝上的杂志……都那么静美，美得我也忍不住想要分享。

园林是一门丰富的学问。朱自清留学英国期间，曾在《公园》一文中写过邱园，说它是"世界最重要、最美丽的植物园之一"，占地1750亩，栽培的植物在24000种以上，他们还编印大英帝国植物志，园内同时还有博物院四所，向人类展示精彩的植物世界。在紫竹院公园讲过课的王康博士此次英国之行不断地发回英国公园的图片，对我亦是一种吸引和熏染——日复一日，紫竹院早已经培养了我对于公园的感情，这里的一草一木都为我熟悉，至于英国的公园，什么时候我也"到此一游"呢？

2017年5月24日，星期三

树木环抱间

今天我要再次光顾问月楼北面的小树林,看看这回林中的小石桌是否有空闲。我包里揣了本书,直奔小树林的方向而去。

不巧,这回桌旁又已坐了一人,黄色制服,看上去应该是这里的园林女工。她的目光并未对着石桌,而是面朝湖水,若有所思,又似一无所想。

这是多么遗憾啊!我犹豫了片刻,还是走了过去,在石桌旁停了停,就在旁边另一个小石凳上坐了下来,然后从包里掏出书本,不声不响地看了起来。女工也不回头,就像我不存在,有种两相不碍的感觉,于是我也塌下心来。

不多一会儿,女工起身离开,到不远处的大树下不知道伺弄什么去了，反正是开始了她的工作，将这个幽静的好地方全然地留给了我，我的内心一阵窃喜，原本拘着的心也不再拘着了，此时的树木、花草、绿荫，连同清新的空气，全是我的。树木环抱间，斑驳的阳光下，摊开陈平原的《大英博物馆日记（外二种）》，自由呼吸，忽然有了一种异常幸福的感觉。

然而，又到上班的时间了，一个强烈的念头袭来：我们的办公室，难道不应该搬到这里、搬到大自然当中来吗？

是啊，人们建造高楼大厦自觉地将自己圈起来，与自然的草木、花鸟和空气隔绝，究竟是为了什么呢？

2017 年 5 月 25 日，星期四

美好，莫名涌来

常常莫名地感到，很多美好的事物在向我涌来。我不知道这究竟是一股怎样的力量。走进紫竹院，这样的感觉会愈加强烈，并将思绪引向更深的深处。

在这里，我看到大草坪里的小草长高了一些，大树便变得矮了一些，大雪松遒劲的枝杈伸向草地，与小草亲近着，那也是一番温暖的图景，一片文学的氛围。文学，便是要用心感受，用情感知，便是用必要的闲情和"无用的"消磨来还原生活的美，并与幸福无限迫近。缺少了文学感受力的时代将是退步的时代。

今日我找到"组织"该在大树下锻炼锻炼了。走过草坪，将包搁在银杏树下的花池上，自然而然地站到"大妈操"的队伍里，跟着音乐的节拍伸展四肢，做着深呼吸，看明亮的树叶在头顶闪烁，此时的脑际实际什么都没想，处于暂时的空白状态——我们需要有这样的时间，将头脑中的东西全部清空，让自我葆有片刻的清新和清澈。

眼前唯有一只花喜鹊落在对面的树枝上，呆呆地看着跳操的人们，但也并未觉得新奇——我们早已是熟悉的老朋友了，彼此都是这片草地、这片树木中的一部分，彼此依存，相融共生，平常，但不可或缺。

操跳不到半小时我就离开了，因为进门时我看到一块中关村核心区科技工作者智慧火花、创意创新成果展会的大牌子，我要去看热闹。

被这块指示牌一路指到北门，远远地看到赶集似的人们围在沿河散布的一溜小摊上，走近了看到老人居多。我挤到一个摊前，听工作人员讲解，知道他们在推销一种学生用的模拟数字实验课，另一个摊上摆放着无人机，还有一个摊在推广挂在胸前的一款空气净化器。展示会的大招牌前人来人往，北面还有一圈摊位，将中间围成一个小广场，里面摆着较大些的飞机模型和叫不上名也看不太明白的科技产品，展示会上的小物件很多是些小发明小创造，有科技和智慧含量又较接地气，与生活紧密相连，所以熙熙攘攘人气还真挺旺，看得我也心情愉快。

来不及细细参观，拿了几个小册子，去上班了。

2017 年 5 月 26 日，星期五

一一风荷举

刚到紫竹院东门，就听见迎面有人喊："小陈！"定睛一看，是过去在问月楼拍照时闲聊认识的定居温哥华、目前暂在国家图书馆工作的陈健先生。"您好！上班去啊？""对。"他说，"图书馆8：30上班。"彼此寒暄了两句，就此道别，我如往日一样，来到紫竹院。

进入六月，就将是荷花盛开的季节了。

走过菡萏亭，看到紫竹湖宽大的荷叶已经铺满了水面，窜出水面两三尺高，呈葳蕤蓬勃之势，一如周邦彦在《苏幕遮·燎沈香》中所记："叶上初阳干宿雨，水面清圆，一一风荷举。"湖面上只留下一条供舟楫和画舫通过的水路。远远望去，大片的绿叶之中已能看到斑斑点点的红色花朵点缀其间,而岸边也自然地吸引来了三五游人驻足拍照。

近处细瞧,更多的是荷叶下微露着胭脂色的一个个花苞,有的包得紧紧,有的张开了一点小口儿,有的高高地探出头来,露出一团绯红,还有的已掩抑不住欣然绽放了……

等着吧,又一个美妙的季节就要到来了。

一路欣赏,来到小桥边,我绕过长河走到对岸,折回向东,小竹林边我又见到喂猫咪的大妈了,她的两只大黑猫正乖乖地享受着美食,那已是再熟悉不过的场景,我也不再停留,向竹林深处继续走去。

路边的小空场里有人踢毽子,有人打羽毛球,而友贤山馆旁边,照旧是一些打太极拳的人们。跨过小溪,见竹林中有几人望向一棵树,出于好奇我也走了过去,并未看见有什么特别。那几个人来到翠竹丛中写有"友贤茶舍"的一扇虚掩的门前,试探却又踌躇,这时一人经过,说:"进去吧。"便大大方方地推门进入。我也尾随而入,这一幽静的处所,平日里时常经过,却从未进到里面。它院子不大,栽满了翠竹,红色雕花大门斑斑驳驳,略显破败,不像营业的样子,但据说晚上开门,具体时间就不得而知了,匆匆浏览一番,将门轻轻掩好,我便离开了。

走到绿云轩,听见婉转的笛声传来,两只脚就不由自主地朝着那个方向走去。等站在竹轩内,笛声便更加真切了,这时我看到了听初亭下的吹笛人——一女子一男子,时而吹笛,时而聊天，聊完了再吹，吹完了再聊，悠闲自在。而此时的我离上班时间还有半小时，也不着急，为何不在此消闲享受片刻呢？于是就在上次吹笛人坐的地方坐了下来。我面朝轩外，透过茂密的竹林，依稀能看到潭水的光影，耳边却是笛声和着鸟鸣，突然有了一种诗意的感觉："听初亭旁，绿云轩下，吹笛人并鸟声在。"一句词从脑子里迸出，急切地寻找着下文……恰巧包里揣着一本《宋词三百首》，摩挲了片刻，到点该离开了。

呵呵，词没作出来，也罢。

而当路过大路东侧的小潭，发现一丛红色的睡莲也开花了，开得那么娴静，那么圣洁，心中陡生一丝欢喜。

2017 年 6 月 5 日，星期一

海棠依旧，老树依然

一早去别处工作，没经过紫竹院，然而傍晚有了路过的契机——我要经过这里去乘地铁，是无意的安排，也是有意的邂逅。

傍晚的紫竹院总是充满了更多的闲情，斜晖映照下的紫竹湖卸去了白日的喧嚣，看上去异常安静，偶有一两只舟楫随波逐流地漂在水上，看上去也格外悠然。小路上的人们也不用匆匆忙忙地来来往往了，上班族也不用以急走的方式锻炼了，专门溜弯儿至此的人们个个闲闲散散，不急不躁，孩子们也出来了，歪歪斜斜地追逐着鸽子或麻雀，在这个大园子里留下欢声笑语，每个人的表情之中，都有着一丝安闲与满足。

当我走近紫竹湖南面澄碧轩时，即被那里的琴声吸引。走近了一看，茶座正中央三位中年人在吹拉弹唱，两位男士中间坐着一女士，手抱月琴，男士则一人吹笛一人吹笙，吹得起劲，弹得得意，旁边稍远些的茶座上还有一中年男士抱着琵琶应和："泉水叮咚——泉水叮咚——泉水叮咚响……"曲曲欢快，曲曲激昂，一曲完了再接一曲，无论是笛子起头还是琵琶开始，另三位都随即跟上，配合得自然又默契。再看那女士的脸上，始终荡漾着爽朗的笑容，和歌声一样愉快。我随其他几位听众在对过的长廊坐下，分享他们的喜悦，欣赏眼前美好的一幕……那一刻，我仿佛深切感受到了艺术的功用——唤起人们内心无限的幸福感。

此时的澄碧轩内，海棠依旧，老树依然。蜀季花前，大片的茶座空着，像是一个引诱，有一搭没一搭地等着客来。受音乐感染，彼时的我却当真有些心动，脑际浮现出如此的一句：弦歌华设，谁与品茗？设想琴声相伴，知音畅谈，不亦乐乎？然而良辰美景，需要契机，天时地利凑足，该来的均会到来，此时静心享受，即是福缘。

但我约好和欣欣吃饭，不能在此久留，想到这里，起身离开。

走过梅桥，远远地看到八宜轩前的莲花座里，三两好友面水而坐，闲聊唠嗑，缱绻消磨，又是一派闲适的格调。其中两位满头金发，定睛一看，是外国女郎。不知她们是下班路过，还是相约散心，总之占去了一片绝美风景。小荷初绽，轻风拂面，再没有比这更美更舒适柔软的时光了。

生活的节奏有张有弛,傍晚的紫竹院像是一支舒缓的钢琴曲,唤起人生悠远、深情而又闲散的况味。

2017年6月7日,星期三

如期而来，欣然绽放

银杏树下锻炼完毕，顺道从北边绕行穿过一片竹林，来到紫竹湖边。

竹林的前面，一丛黄色的小花正粲然绽放，像雏菊，又像小型的向日葵，花瓣间蕴含着阳光的能量与热情，异常醒目。发图片给"植物通"的朋友杨文磊，问这花叫什么名字，朋友回信说，此花叫"黑心金光菊"。我沉默了片刻，回复道：这名字不怎么好听啊。

当然，这花或许原本并不叫这个名字，或者它并不情愿被叫作这个名字，所有的花都是人类凭借自己的认识、喜好和想象命名的，他们不知道，那些被天地自然孕育的花朵有着最奔放、最自由、最洒脱的性情，它们不会甘心被一个名字、一种想象束缚，无论被人类叫作黑心菊，还是白心菊，它都是最快乐、最无碍、最独特的自己，它们如期而来，欣然绽放，分享夏日的喜悦。

而莲花桥边，紫竹湖内，初露头角的小荷已经吸引来摄影者的"大炮"。一名摄影师穿着摄影背心，躬身站在湖边，正于绽放或待开的花朵中寻寻觅觅，颇为"雷人"的镜头伸出一尺远，光那架势就已经够震撼了。

这才是刚刚开始的序幕，不日这里将是全北京摄影人的欢乐聚会。而紫竹院，离它的竹荷文化节也已经不远了。

2017年6月9日，星期五

花开满塘,年年盛景

过了一个周末,紫竹湖已经是花开满塘了,和每年一样,莲花桥南侧湖边的"大炮"已经由几日前的一个,变为了今日的密密麻麻、黑压压一片,不仅仅岸边,通过湖岸的石阶以及大路旁都站满了拿着"家伙"的人,不知道大家是否相约而来,只见个个兴致勃勃,争相选取有利位置,赏花,拍荷,在年年花开中拍出不同的感受和自己的视角。

再看池中的荷花,"出淤泥而不染",真如仙子般洁净、美好,一任众人竞睹芳容。我下了几级台阶,站到摄影人身后,将目光聚焦在美好的景致,忽然听到左右"唰唰唰"一阵按动快门的声音,只见正前方伸出荷叶的一支莲蓬之上,有一只麻雀在啄食，扭着身子和脑袋，旁若无人，却极富动感。旁边的荷花上另两只麻雀同时落脚，朝着花蕊的方向叽咕探望。哈，原来摄影师们关注和等待的是这些小生灵！

而年复一年的经验也使我知道，只要有了这些摄影人，麻雀就会尾随而来。因为每年荷花盛开的时节，他们中就会有人带来专门制作的饵料，通过一条长杆放送到荷花或莲蓬上以吸引麻雀，而且不出所料，每每都会有两三只、三五只小雀鸟禁不住诱惑，于众目睽睽之下贪吃，如此一来，就成了虎视眈眈的摄影师镜头里的主角。眼前的荷花之上，不断地有麻雀飞舞徘徊，叽叽喳喳，在这些摄影者面前尽情欢舞，而这些摄影师们，也像是年年来此奔赴一场夏日里的例行盛会，新朋旧友欢聚，其乐无穷。

从人群中走出来，站在莲桥之上回望，看到对面的人似乎比花还多，恍惚间不知道究竟花是景还是人是景了。再看桥的北面，花开不输南岸，气氛却清幽散淡，没有南岸的热闹。

看来观花也讲人气儿。

2017 年 6 月 13 日，星期二

平常中，有充实在

驻足莲桥，正对着紫竹湖边密密麻麻的"大炮"出神，听得背后一个热情洋溢的声音："祝您节节高升！当上总司令！"

回头一看，两位精神矍铄的老者两手紧握，相见言欢。迎面遇见的体态稍胖的老者亦被逗得笑开了花："快回去了吧？我也快回去了。"

"不能回去！"略瘦的老人有些"顽皮"，刹那间仿佛回到了儿童的天真。

老人们如此逗了几句，就此分别，"顽皮"的老人走过桥去，一身轻松，"咚嗒嗒，咚嗒嗒"地扬长而去。

我的注意力再度回到荷塘，今日的荷花比前几日开得更多一些,已经缀满了湖面,岸边的摄影人也比前几日更多了一些,他们挑着长杆逗引麻雀,这样的场景大概还要延续些时日。

记得前几天我将此景发朋友圈,分享见闻和快乐,不料一外地的朋友说:北京人真可怜,这点玩意儿就那么稀罕。朋友说得没错,夏日莲桥边的紫竹湖只不过一个普通的荷塘,而能在普普通通的事物之中发现不普通的所在,领略到自然的造化、美和内心的喜悦,这普通之物便变得不再普通了。我们看待事物,也全然缘于一种心情,一份心境,一个葆有欣赏能力的人无疑是一个幸福的人。

虽然时间尚早,但荷花丛中已有画舫出入,因这片荷花的旁边就是荷花渡码头,从这里驶出的一条小船上坐着两男两女,手中各执相机,和对岸的摄影师们互拍互望,脸上洋溢着喜悦和兴奋。小船驶过莲桥,摄影师们的目光重新回到眼下的荷花和麻雀,耐心地等待,专注地欣赏。

每天每天,我都只是过客,从这里离开,沿莲桥向北,仍有一路好风景。北岸的荷花一点不输南岸,不凑热闹、不赶风潮的摄影人偶尔也到北岸来,用自己的眼睛去搜寻和发现。而这里更多的还是如我一样的路人,看到满塘花开,会忍不住对着花出神,或争相用手机拍照。欣赏了一会儿,我要回到大路上的时候,看见两位白发老人,禁不住美景的诱惑,相互搀扶,顺着斜坡小心翼翼地要下到岸边来。此情此景,我想上去扶他们一把,但犹豫了片刻,看着他们走了下去。爱美之心,人皆有之，夏日荷花年复一年，给光顾这里的每一个人以美的享受。

再往前走，忽然看到一个熟悉的身影——紫竹院有着太多似曾相识的人，他们和我一样，天天在此，年年在此。噢，我回忆起来了，是几年前曾在荷塘边纵情吟诗的那个人！一日我坐在荷塘边看书，忽然一人从眼前走过，口里吟咏着多情的诗句，是赞美荷花的，看得出是触景生情，彼时曾经深深地感染了我。正是这些心怀热爱、富有感情的人们，和这里的风景一起构成独一无二的景致。而今天，那人已经拄了一根拐杖，虽未吟诗，但依然心系荷塘，许是对这里也已产生了深厚的感情。

离开荷塘，我漫步在园子里，无论走到哪里都被漫无边际的绿色包围着，处处神清气爽，心情也不由自主地跟着舒缓平静起来。草荣草枯，草青草黄，都已是无比熟悉的气味和气息，稀松平常之中原本有着一种充实在，静静的喜悦不为人知，但充溢着心灵，由内而外。

2017 年 6 月 19 日，星期一

生如夏花

一

对岸的长河边,一丛小花开得绚烂,倒映在绿水中,朦朦胧胧地晕染出大写意的效果,勾起内心无法言说的热爱。有一日,我要将这花、这树、这河、这水、这美妙的感觉和瞬间写入画中,挥洒内心无限的感激与喜悦。

而路的两边,大树的底下,人工的花池内,亦开满了不知名的小花,其中一朵紫色的小花,貌似菊花,但比菊花小巧雅致,我暂且叫它紫菊花吧;另外一朵橘黄的大花,六片花瓣张开并微微地卷曲着,有百合的妩媚,却无百合的柔弱,我暂且叫它野百合吧。当然，它长得也有些像我的英文名（Iris）——鸢尾花，只是我一时还无法辨认清楚。也许，我们不必去刻意探究它的名字，名字是人为赋予的，从这个意义上，你叫它什么都可以。而对于它自己，它只是它自己。如丰子恺所说：万物有其独立的意义。又如佛家所说：一花一世界，一叶一菩提。人在自己的生命里，又何尝不是时时开花呢？

人们对于花的叫法也的确不尽相同，有时依据自己的记忆，有时依据自己的印象，有时可能就是依据自己的想象和幻觉了。当我把这两种不知名的小花发朋友圈，一个朋友说那黄色小花是百合，又叫黄花菜，黄花菜是百合的一种。噢？这是百合吗？另一个精通植物的朋友却说，那是萱草，紫色的那一种叫蓝目菊。噢？这就是传说中的萱草吗？

> 伯兮揭兮，邦之桀兮。伯也执殳，为王前驱。
> 自伯之东，首如飞蓬。岂无膏沐？谁适为容！
> 其雨其雨，杲杲出日。愿言思伯，甘心首疾。
> 焉得谖草？言树之背。愿言思伯，使我心痗。

《诗经》中实为萱草的"谖草"，又称忘忧草，浪漫无边却无从相遇，今天，我与它，是相见而不相识吗？

哈，既然每人都有各自心中的命名，那么，任它叫什么吧，不去管它了。

这时，路边的矮竹在阳光的滋养下亦发出了许多新叶，较之于冬日的萎靡，呈现出全然的蓬勃抖擞之势。徐湛教授喜欢拿到画中作背景的，就是这一种竹。

二

"接天莲叶无穷碧，映日荷花别样红。"荷花盛开的季节，莲桥一带最是"繁华"，扛着"长枪短炮"的人是一日比一日多，以至于成了司空见惯的景致。这里的鸽子也不只待在地上觅食了，而是飞过古柳和翠竹，在天空留下优美的姿态。地上，三五只麻雀过来"捡漏"，忙忙碌碌地只顾吃着游人喂食的谷物。

溜着湖岸向北，看到今日的荷塘与昨日又有不同，更多的花朵舒展开来，更多的花苞生长出来，呈现出万千姿态，亦吸引来更多的游人。我拍了一些图片，忍不住再次发朋友圈分享，并附文字：好花天天开，更比昨日好。花如此，人何尝不是如此呢？每一天，都须盛开；每一天，都须精彩。唯"生如夏花之绚烂"，方不枉此生吧。

绕过荷塘，我感觉该到绿云轩看看了。

漫过竹林，远远地就听到有乐曲此起彼伏。竹枝掩映之中，今日的绿云轩一如往日的安然，不同的是，今天来了几位练瑜伽的女子，瑜伽垫儿赤橙黄绿，在方方正正、清清凉凉的轩内铺排整齐，还未开始便已进入了静寂欢喜的意境。她们可真会挑选地方。

而音乐是从旁边的银杏树下传来的，原来是一位大妈对着竹林在吹葫芦丝，乐曲和她的人一样，安安静静。我有意坐下来倾听，但每个椅子上都坐着人，只好作罢，路过她的身边时扫了一眼歌谱，看到上面写的是《白毛女组曲》。但这并非唯一的曲调，还有更为高亢的曲子从远处传来，那是北面长廊里的"管乐队"吹奏出来的《太阳照在金山上》。如此富有时代特色的乐曲，想必曾经伴随他们度过辉煌抑或沧桑的岁月吧。

而我来此地，只是为了探望。多日不来，对那些花，对那些草，对那些人，隐约还会有一些挂牵。

如此走走停停，待漫游至西面的大路上，见一老人走下轮椅，和另两位迎面碰到的老人手推车里的小孩儿握手，那小孩儿也很喜庆、热情，笑嘻嘻地握着老爷爷的手摇了又摇，给三位老人和恰好路过的我都带来许多欢乐，刹那间也使我看到了生命的希望、美好与传承。

接着我又绕到长河对岸，几棵大树的旁边，我看见几个石凳闲着，于是坐下来小憩，对着青翠的垂柳和碧绿的长河水陷入了冥想……岸边的小黄花静静地开着，似曾相识，恍惚间将我的记忆带回到久远的过去，带回到姥姥家我曾经生活过的那一片土地。这黄色小花在头脑和记忆中明明灭灭地闪回穿越，使我分不清此时彼地——那已是太过久远的事，记忆已经有些模糊，老人已经永远地安息在了那片土地、那些花草之中了。

我无法再去触及这一切，无法再使自己陷入无边的感伤。我将视线从这默然的小花移开，重新移回到对岸，移回到对岸走动的人影，飞翔的小鸟，和络绎不绝的歌声……

与自我独处、同在的时光是难得和幸福的，但表的指针又指向了8：40，我需要起身，从冥想回到现实了。

去往西南门的路上，我看见紫薇开了。

2017年6月20日，星期二

家有紫竹院，何必出远门

不知不觉，夏至了。

今天，单位全体去怀柔神堂峪活动，我得暂别紫竹院了。然而看着神堂峪缺水的山沟和少被关照的花草，不由自主地还是会联想到紫竹院的草木葱茏。撑着阳伞走了很长很长的路，没有领略到太多趣味，感觉除了辛苦还是辛苦，这时脑海中闪现出一句话：家有紫竹院，何必出远门？

2017 年 6 月 21 日，星期三